我国体育财政支出及其效率研究

梅 霞 著

中国财经出版传媒集团

经济科学出版社
Economic Science Press

图书在版编目（CIP）数据

我国体育财政支出及其效率研究/梅霞著 . —北京：
经济科学出版社，2019.11
ISBN 978 - 7 - 5218 - 1093 - 6

Ⅰ. ①我…　Ⅱ. ①梅…　Ⅲ. ①体育事业 - 财政支出 -
研究 - 中国　Ⅳ. ①G812

中国版本图书馆 CIP 数据核字（2019）第 268575 号

责任编辑：白留杰　刘殿和
责任校对：李　建
责任印制：李　鹏

我国体育财政支出及其效率研究
梅　霞　著
经济科学出版社出版、发行　新华书店经销
社址：北京市海淀区阜成路甲 28 号　邮编：100142
教材分社电话：010 - 88191355　发行部电话：010 - 88191522
网址：www. esp. com. cn
电子邮件：esp@ esp. com. cn
天猫网店：经济科学出版社旗舰店
网址：http：//jjkxcbs. tmall. com
北京密兴印刷有限公司印装
710 ×1000　16 开　10.75 印张　200000 字
2019 年 11 月第 1 版　2019 年 11 月第 1 次印刷
ISBN 978 - 7 - 5218 - 1093 - 6　定价：45.00 元
（图书出现印装问题，本社负责调换。电话：010 - 88191510）
（版权所有　侵权必究　打击盗版　举报热线：010 - 88191661
QQ：2242791300　营销中心电话：010 - 88191537
电子邮箱：dbts@ esp. com. cn）

前　　言

　　近年来我国不断深化财政体制改革，财政经济建设性资金逐渐从生产领域退出，转向非生产建设性的公共基础设施和公共服务领域。2012 年《国家基本公共服务体系"十二五"规划》明确了体育是社会基本公共服务的重要组成部分之一，以行政文件形式明确了体育公共服务的重要性。2017 年，党的十九大报告提出，要广泛开展全民健身活动，加快推进体育强国建设。2019 年 8 月 10 日，国务院办公厅印发了《体育强国建设纲要》，从政策层面回答了什么是体育强国，以及如何建设体育强国，其中全民健身（群众体育）、竞技体育和发展体育产业是我国体育强国建设重要的着力点。

　　近 20 来年国家不断加大体育财政投入。1998 年体育财政支出为 38.7 亿元，2008 年为 205.29 亿元，到 2017 年体育财政支出额为 474.85 亿元，增长了 10 倍多。随着体育财政支出不断增长，各级政府相关部门运用体育公共资源，积极开展各项体育公共服务活动，扶持体育产业，我国体育发展取得了不错的成就，同时也产生了一些问题。为全面理清体育财政支出存在的问题及原因，本书首先总结了我国体育财政支出政策的变迁和体育财政支出的规模、结构，构建了体育发展水平指数，分析体育财政支出对我国体育发展的作用，发现我国财政支出促进体育发展的弹性系数小；其次采用 DEA - malmquist 模型对我国体育财政支出的效率进行了实证研究，从纯技术效率、规模效率和技术进步三个方面分析了影响我国体育财政支出效率的因素；再次从理论层面上总结和阐述了我国体育财政支出存在的问题和效率不高的原因；最后借鉴了国外财政支持体育发展的经验，提出了提升我国体育财政支出效率的政策建议。

梅霞

2019 年 11 月

目　录

导　论

一、选题背景及意义

（一）选题背景

2015 年，党的十八届五中全会明确提出推进"健康中国"建设，《国民经济和社会发展第十三个五年规划纲要》也表明了推进"健康中国"建设的重大任务。2016 年全国卫生与健康大会上，习近平总书记强调，没有全民健康就没有全面小康，健康是促进人的全面发展的必然要求，是经济社会发展的基础条件，是民族昌盛和国家富强的重要标志。2016 年国务院总理李克强在达沃斯论坛上提出"文化、旅游、体育、健康、养老"是五大幸福产业之一。按照世界公认的衡量健康的因素，遗传占 10%、环境占 10%、医疗占 8%，居民的生活方式包括睡眠、饮酒、运动等 60%[①]，从这一数据可以看出，生活方式对人们的健康影响巨大，当体育成为人们的一种生活方式时，对人类健康的促进作用就非常大了。为贯彻落实党中央的决策部署，2016 年国务院正式发布了《"健康中国 2030"规划纲要》，作为未来推进健康中国建设的宏伟蓝图和行动纲领，坚持以保障国民健康为中心，从大健康、大卫生的高度出发，从国家战略层面出发制定了以解决当期的人们健康问题和保障人们未来健康的全方位的、整体性的方案。在开篇总体战略的第六章中提出要提高全民身体素质，继续实施全民健身计划，开展全民健身活动，组织全民健身指导服务等，并在第六篇中指出积极发展体育健身产业。2019 年 8 月国务院办公厅印发了《体育强国建设纲要》进一步表明了国家对体育发展的重视。

随着国家经济发展和人民生活水平的提升，人们基本需求已经从生存型

---

① 易剑东. 论体育产业的发展逻辑 [J]. 体育学研究, 2019 (4)：1 – 12.

需求升级为更高层次的生活型、享受型的需求，生活方式发生了重大转变。体育公共服务作为基本公共服务的重要组成部分，因其在满足人们美好生活追求方面的独特作用，引起了从国家到个人各个层面的关注。体育作为"大健康"领域的重要组成部分，是我国健康理念的重大转变，人们从"治已病"转向"治未病"，积极发挥自身增进个人健康的能动性。

1. 国家明确了体育公共服务是基本公共服务体系的组成部分

《国家基本公共服务体系"十二五"规划》确定了政府基本公共服务领域，总计44类80个项目，体育公共服务被纳入其中，以国家规划的形式确立了体育公共服务的地位，规定了体育基本公共服务的保障标准。一是体育场馆开放的保障标准为：有条件的公共体育场馆免费或低收费对社会开放，包括大中小学的体育场馆，具体的免费或低收费办法由地方政府负责制定。关于开放时间，尽量与人们的工作和学习时间错开，但是具体开放时长由各地方规定，要求在国家法定的节假日和每年的8月8日国家全民健身日设定延长场馆开放时间。在体育场馆开放支出责任方面，明确规定地方政府的体育场馆，由地方政府负责保障相关费用，中央政府财政给予补贴。面向社会开放的体育场馆要达到全国体育场馆总数的53%左右。二是全民健身服务的保障标准是：城乡居民享有免费的体育活动组织、体育健身服务指导，并且利用公园和绿地等为居民健身路径。健身服务的经费由地方政府负责支出，中央政府给予补贴。

《体育发展"十三五"规划》明确了"十三五"时期我国体育事业发展重点：《全民健身计划（2016–2020年）》有效实施，到2020年经常参加体育锻炼的人口要达到4.35亿人，全国人均体育场地面积达到1.8平方米。在竞技体育方面，2020年东京奥运会争取运动成绩名列前茅。体育产业方面，到2020年总规模超过3万亿元，占GDP的比重达到1%，体育服务业增加值占体育产业总增加值的30%以上。

2. 竞技体育公共服务支出一直高于全民群众体育公共服务支出

新中国成立初期，由于我国物质基础匮乏，体育事业发展水平较低且缓慢，为了集中优势资源，快速发展体育事业，选择了竞技体育优先发展的战略。这在当时形成的一种权宜性的过渡战略，后来在每4年一次的国际奥林匹克竞技水平较量中演变成了一种具有强大惯性的竞技体育政策。国家在体育政策支持和体育财政投入方面均向竞技体育倾斜。人们更加关注自身身体健康状况，群众体育公共服务需求急剧增加。但是群众体育公共服务供给不足，群众体育公共服务供给现状与其在提高国民身体素质，促进生产力发展方面的作用和地位不平衡。

3. 新时代体育的主要矛盾发生变化

改革开放 40 年来，我国社会和经济取得了极大的发展，社会的主要矛盾已经从人们日益增长的物质文化需求同落后的社会生产之间的矛盾转变为人们日益增长的物质文化需要同不平等不充分发展之间的问题。我国体育发展的主要矛盾是人们日益增长的体育需求同体育公共服务供给不平等、不充分之间的问题。与我国历史上体育发展水平相比，我国体育事业取得了巨大的进步，不充分是指我国经济社会发展已经具备了相应的生产能力，但是由于各方面因素影响，体育公共服务的发展潜力还没有充分发挥出来；与发达国家的体育公共服务相比较，我国没有达到人们期望的水平，集中体现在发展的总量不足、发展的水平还不够高、发展的态势不稳定，仍然不能满足 14 亿人的体育公共服务需求。不平衡，其实是全国范围内发展不充分的具体体现，在我国主要是指城乡之间、东中西部之间体育公共服务发展的不均衡。同时从事业和产业划分的角度，体育产业发展落后于经济社会的发展。这一系列的矛盾问题，都亟待厘清和运用各种国家的宏观调控政策去协调和解决。

（二）研究意义

近 20 年来国家体育财政支出不断增长，从 1998 年的 38.7 亿元，2008 年的 205.29 亿元，到 2017 年的 474.85 亿元，前 10 年增长了 5.3 倍，后 10 年增长了 2.3 倍，各级政府相关部门运用这些体育公共资源，积极开展各项体育公共服务活动，我国体育事业健康蓬勃发展。在体育公共产品和服务（体育事业）供给领域，政府主要提供的是群众体育公共服务和竞技体育公共服务，同时由于我国体育产业还处于初级阶段及其产业关联性较强，政府财政也支持体育产业的发展。我国体育事业财政支出中问题比较复杂，既有规模的问题，也有结构的问题，有管理技术的问题，也有体育自身管理体制的问题，多种因素杂糅在一起影响着我国体育财政支出的绩效。从体育财政支出促进体育发展的角度，当前我国体育发展中最突出的问题是竞技体育支出高于群众体育支出。随着我国经济社会各方面的发展，国家综合实力大幅度提升，国家和个人的竞技体育文化软实力政治战略诉求减弱，各方面更加注重群众体育的发展，但是竞技体育的战略价值仍然不容忽视。而国家体育财政资源是有限的，在这种背景下如何实现竞技体育和群众体育均衡发展呢？竞技体育发展如何转型？这是本书首先要解决的第一个问题。第二个问题是体育产业发展滞后于经济社会发展，应该如何有效发挥财政政策工具的作用，引导体育产业发展？本书基于以上两个主要问题展开研究。这也是本书的研究意义所在。

二、文献综述

(一) 关于公共服务的内涵研究

马庆钰 (2005) 认为，公共服务从宏观层面来看有三种含义：一是公共服务就是我国政府一直以来强调的"为人民服务"；二是公共服务就是指国家公务员的工作职责；三是公共服务指的是政府为弥补市场不足、促进社会公平而进行的一系列工作。① 从微观层面来看，基于政府职能定位和处理好政府与市场、社会的关系考虑，公共服务是指由法律授权的政府、非营利组织和有关工商企业，在纯粹公共品、混合性公共物品以及特殊私人物品的生产和供给中所承担的职责和履行的职能。②

陈振明 (2015) 在《公共服务导论》中从六个角度全面地归纳了目前几种主流的公共服务的概念和内涵。一是物品解释法。从公共物品的角度来理解公共服务，认为公共服务不仅提供纯公共产品，还提供准公共产品。二是利益解释法。公共物品是基于公共利益来提供的。政府提供的公共品是基于公共利益的需要，才是公共服务的体现。三是主体解释法。基于公共服务的多元化供给，政府提供的国防、安全等属于纯公共品，而由政府、社会与市场共同提供的是准公共产品，如教育等。四是价值解释法，认为公共物品与公共服务应该是不同的概念。③ 李军鹏 (2006) 早年的研究指明，公共服务是指政府为满足社会需要而提供的产品和服务的总称，它是以政府为主的公共部门生产的、供全社会所有公民共同消费和平等享受的社会产品。④ 这一关于公共服务的定义有两层含义，一是指政府履行职能的过程即是供给公共服务。政府部门运用人们赋予的权力和公共资源，坚持公平、正义和民主的

---

① 马庆钰. 公共服务的几个基本理论问题 [J]. 中共中央党校学报, 2008 (2)：58.
② 马庆钰. 关于"公共服务"的解读 [J]. 中国行政管理, 2005 (2)：79.
③ 陈振明. 公共服务导论 [M]. 北京：北京大学出版社, 2015：11－14.
④ 李军鹏. 公共服务型政府建设指南 [M]. 北京：中共党史出版社, 2006：9.

原则，合理配置公共资源，实现全国人民的社会福利最大化。这也就是陈振明的职能解释法。卢映川（2007）认为，政府职能履行中所提供的公共服务包括经济调节、市场监管、社会管理和公共服务。① 二是指政府提供的产品和服务本身。对公共品萨缪尔森在《公共支出的纯粹理论》中是这样定义的："每个人对这种产品的消费不会导致别人对该产品消费的减少，该产品具有使用上的、受益的非排他性和非竞争性"。② 布坎南 1965 年在《俱乐部的经济理论》中进一步提出了准公共品的理论，指出这类公共品通常只具备非竞争性和非排他性中的一种属性。③ 狭义上的公共服务包含与人们需求直接相关的教育、安全、国防、环境、社会保障等方面。

公共产品与公共服务的关系方面，学术界存在着两种不同的认识：一种是基于萨缪尔森的公共物品理论，认为公共服务就是公共品。这类公共品包含着有形的产品和无形的产品、物质型产品和精神型产品。它可以脱离服务对象而存在。另一种认为公共服务是一种更广泛的概念，它不仅是公共品，而且公共产品提供过程与消费过程是同时进行的。公共服务可以提供纯公共产品，也可以提供准公共产品或者是私人产品。

（二）体育公共服务称谓研究

在体育公共服务的称谓方面，有两种不同的名词来指代，即"体育公共服务"与"公共体育服务"。已有体育公共服务的研究与公共服务内涵研究对核心含义"公共服务"的理解基本保持一致，认为可以从过程和产品两个角度去定义体育公共服务。从过程论角度，范冬云（2011）认为，体育公共服务是政府体育职能履行的过程，即是政府、企业和第三部门为满足人们公共的体育需求而提供产品和服务的过程。④ 从产品论角度，形成了"体育公共服务"和"公共体育服务"两个概念的分歧。一部分学者采用体育公共服务的概念，刘亮（2011）也认为体育公共服务的逻辑起点是为了提供满足人们体育需求的服务，以公平地实现人们的体育权利，促进全国人民都能享受

① 卢映川. 创新公共服务的组织与管理 [M]. 北京：北京人民出版社，2007：2.

② Paul A. Samuelson. The Pure Theory of Public Expenditure [J]. Review of Economics and Statistics, 1953 (36)：387–398.

③ James M. Buchanan. An Economic Theory of Clubs [J]. Economics, 1965, 32.

④ 范冬云，刘礼. 我国体育公共服务客体分析 [J]. 湖南工业大学学报（社会版），2011, 16 (6)：99–102.

到大致相当的体育公共服务。认为公共服务是体育公共服务的上位概念，体育公共服务是公共服务领域的细分，那么必然使用体育 + 公共服务更加合适。[①] 刘艳丽、姚从容（2004）、王才兴（2008）[②] 等在研究中也使用的是体育公共服务这一概念。另一部分学者采用公共体育服务的概念，郇昌店（2009）认为在教育领域和卫生领域研究中，使用的是公共教育、公共卫生的概念，那么在体育领域同样应该使用公共体育服务的概念，肖林鹏、李宗浩（2007）在研究中也使用的是公共体育服务这一概念。戴健、郑家鲲（2013）在其研究中指出，目前关于公共体育服务和体育公共服务这两个专有名词还没有作出细致的划分，基本可以理解为他们代表的是同一个概念。在本研究中，从语言结构、使用习惯和研究目的出发，使用"体育公共服务"这一称谓来指代本书的研究对象。

（三）体育公共服务体系界定研究

关于体育公共服务体系的内容，学者们从不同的角度进行了研究和定义。刘艳丽（2005）从公共品的两个最基本的属性角度定义了狭义的体育公共服务，认为狭义的体育公共服务是指满足社会公共需求而提供的具有非竞争性和非排他性的体育产品和服务。再进一步将狭义的体育公共服务拓展到广义的体育公共服务，认为广义的体育公共服务包括体育政策和体育市场的监管等方面，是全方位为体育事业和产业提供的服务。肖林鹏（2007）进一步将刘艳丽的体育公共服务体系的范围拓展为九大要素，不仅包括外围的体育政策法规、体育市场监管，还包括体育事业内部的体育绩效评价、体育资金投入，更进一步和具体的体育公共服务内容包括体育组织机构、体育场馆设施、体育活动组织、体育健身指导、体育信息服务等，囊括宏观的体育公共服务内容和微观的具体的体育公共服务体系的内容。王才兴（2008）将体育公共服务体系概括和总结为：为满足人们基本的体育需求，由政府及其相关部门提供的体育公共服务产品和服务所涉及的一整套系统和制度的总称。黄浩军（2011）将体育公共服务体系的概念进一步提升和概括，认为体育公共服务体系应该包括四个大方面的内容：服务的内容，即提供哪些具体的体育公共服务，有基本的普遍的体育公共服务，也有个性化的分层的体育公共服务；

---

① 刘亮. 我国体育公共服务的概念溯源与再认识 [J]. 体育学刊, 2011, 18 (3): 34 – 40.
② 王才兴. 构建完善的体育公共服务体系 [J]. 体育科研, 2008 (2): 1 – 13.

服务资源，即体育法规、体育财政投入和人员投入等；服务价值取向，即体育公平和体育效率的关系；服务方式，分为权力方式和社会方式。权力方式指政府提供体育公共服务中一系列的决策和实施机制，社会方式指成本风险机制和市场价格机制等。

王占坤（2013）在研究浙江省老人体育公共服务需求时认为体育公共服务的供给结构有：国民体质监测服务、体育活动服务、体育指导服务、体育组织服务、体育场地设施服务、体育信息服务。孙晓晓（2014）在研究临沂市体育公共服务供给时认为体育公共服务比较重要的六个方面是：体育设施服务、体育组织服务、体育指导服务、体育活动服务、体育信息服务、体质监测服务。苏龙伟（2014）在研究居民需求导向的体育公共服务时认为体育公共服务供给的内容有：体育设施与器材的提供、体育活动的组织与服务、体育指导服务、信息服务、居民体质监测。因而可以将体育公共服务内容归纳为：体育场地设施、体育活动的组织与服务、体育指导服务、体育信息服务、国民体质监测服务。

马德浩（2016）认为公共体育服务从组成部分来看，可以分为广义的公共体育服务和狭义的公共体育服务。广义的公共体育服务包括，群众体育公共服务、竞技体育公共服务和学校体育公共服务。狭义层面的体育公共服务指群众体育公共服务，包括社区体育和职工体育等。①

（四）体育产业财政政策研究

陈元欣（2016）研究了体育场馆运营的支持政策，发现现有财政补贴多投向体育系统内部且过程不透明、税收优惠政策使用范围有限、场馆用地政策主要适用于政府投资的公益场馆、体育场馆经营权没有放开等问题，造成了市场上场馆从业主体难以平等、公平地参与竞争，社会场馆投资不足、生存困难等负面影响，进而提出了引导社会力量投资场馆、将社会场馆建设支出纳入政府购买和各类财政补贴范围，修改场馆自用房产和土地涉税政策、鼓励企业参与场馆运营等应对策略。② 李明（2017）基于行政和民事法律关系，分析了地方政府与国家投融资政策的博弈、PPP 公共体

---

① 马德浩，季浏. 英国、美国、俄罗斯公共体育服务的发展方式［J］. 体育学刊，2016，23（3）：66 - 72.

② 陈元欣，杨金娥，王健. 体育场馆运营支持政策的现存问题、不利影响与应对策略［J］. 上海体育学院学报，2016，40（6）：24 - 29.

育服务项目投融资中相关主体的角色界定与风险监管、投融资结构设计、合同结构设计及风险评估体系 CFA 模型，提出了 PPP 模式下公共体育服务项目国家治理的实施路径。蔺晓颖（2015）研究了促进我国体育产业发展的财政政策，认为财政作为国家治理的基础和重要支柱，应该发挥财政政策的引导作用，推动体育产业快速发展。分析了当前我国体育产业发展现状和问题，就财政应如何支持体育产业发展提出了相关政策建议。马应超（2014）基于发达国家财税政策支持体育产业发展的经验，提出我国借鉴其经验推动体育产业投融资体制机制建设、积极设立体育产业引导基金和体育金融扶持计划发展体育产业。① 杨帆（2018）分析了新常态下推动我国体育产业发展的积极财政政策，发现体育财政政策存在政府职能定位不准确，存在比较严重的越位现象；现有体育相关税收优惠政策主要倾向于保障体育事业发展，少有涉及体育产业发展；体育产业中 PPP 模式主要以体育场馆建设为主等问题。②

（五）体育公共服务均等化研究

在体育公共服务供给中政府扮演的重要角色是使全体人民公平地享受大致均等的体育公共服务。政策在实施行动中往往要受到现实中许多不确定性问题的影响，使体育发展的政策宣示与实施的结果不一致，从而表现出了体育公共服务供给的非均等化。对于这些影响体育公共服务均等化的原因，学者们从不同的角度进行了研究。

冯国有（2007）认为，不同地域体育公共服务供给差异的主要原因：一是各地财政体育投入不足，竞技体育与大众体育投入结构失衡；二是体育公共服务主要由地方政府供给，区域间经济发展水平的差异会造成体育供给不均衡；三是将体育产业化理解为体育市场化，过度市场化会造成体育公共服务供给不均等。冯国有认为，体育财政政策选择的着力点应该是推进体育公共服务均等化，在推进体育公共服务均等化中要充分了解人们的体育需要，发挥财政政策的激励作用，逐步分阶段推进。

蓝国彬（2010）认为，影响体育公共服务均等化的因素：一是供给制

---

① 马应超，王宁涛. 财税政策支持体育产业发展的国际经验与启示［J］. 中国财政，2014（22）：71 - 73.

② 杨帆. 新常态下推动我国体育产业发展的积极的体育财政政策研究［J］. 沈阳体育学院学报，2018，37（3）：23 - 30.

度，即城乡二元分治、资源向东部地区倾斜造成了城乡之间、地区之间的体育公共服务的供给非均衡。二是地方政府财权与事权不匹配，造成地方政府体育公共服务供给能力有限。地方政府如果有足够的财力，就能为居民提供更充足、丰富的体育公共服务，促进体育公共服务均等化。三是区域经济发展水平不均衡。四是竞技体育优先于群众体育发展，而群众体育公共服务是惠及更多人群的，竞技体育挤占群众体育资源，不利于体育公共服务均等化。他进一步提出：一是应该按照事权与财权相匹配的原则，调整央地事权和财权格局，促进体育公共服务均等化；二是建立居民需求表达机制，规范省以下转移支付，并向农村地区倾斜，促进城乡之间体育公共服务均等化；三是完善体育公共服务绩效评价制度。

俞丽萍（2012）从财政角度分析了我国体育公共服务非均等化的原因：一是财政在竞技体育和大众体育投入之间的不均衡；二是财政在区域之间投入的不均衡；三是财政在城乡之间投入的不均衡；四是中央和地方在体育公共服务供给中财权和事权不匹配降低了地方政府体育公共服务供给能力。然后提出了促进体育公共服务均等化的政策建议：一是以体育产业经营收入、彩票发行收入和体育税收来补充现有体育财政投入的不足；二是以税收优惠、财政补贴吸引社会资本投资体育公共服务领域；三是以转移支付加强地方体育公共服务供给财力促进体育公共服务均等化；四是提高体育支出结构中大众体育支出的比重；五是设立体育产业引导基金，使现有的体育财政投入向体育财政投融资方式转变，吸引公众和社会资本参与投资，通过体育财政资金的市场化运作，提高体育财政资金的使用效率。①

刘亮（2013）认为，我国体育公共服务非均等化的原因是财权与事权不匹配、政府投入和政策向竞技体育倾斜、体育公共服务制度体系相对缺失和均等化制度建设不配套，并提出了推进体育公共服务均等化的路径：完善体育公共服务公共财政供给体制、确保弱势群体的体育权利实现体育公共服务全覆盖、缩小城乡之间体育公共服务差距。②

汪俊（2016）分别从人们对体育公共服务的认识、各地体育公共服务发展的经济基础、人们拥有的体育场地设施、体育社会组织、社会体育指导员人数、体育均等化法律法规保障等方面分析了我国体育公共服务供给的基础

---

① 俞丽萍. 体育公共服务均等化的财政分析 [J]. 体育文化导刊, 2012 (7): 9 – 12, 17.
② 刘亮. 我国体育公共服务均等化的理论模型与实证分析 [J]. 体育科学, 2013, 33 (1): 10 – 16.

和已经具备的体育公共服务内容，并且认为人们享有体育权利，政府有责任为人们提供均等化的体育公共服务。基本体育公共服务的范围和内容是随着社会经济发展水平呈现动态的扩大和提高的，不是一成不变的。[①]

通过对已有体育公共服务均等化研究文献的阅读，发现目前体育公共服务非均等化已经引起了学术界的重点关注，并且从多个角度分析了产生的原因，综合起来，不均衡表现在以下几个方面：竞技体育与群众体育的非均衡发展、城乡之间体育公共服务非均衡发展、地区之间体育公共服务非均衡发展，不均衡的原因是体育财政投入不足、地方政府体育事权与财权不匹配、地方经济发展水平不同等，提出应该增加体育财政投入，通过转移支付促进体育公共服务均等化，通过财政补贴、税收优惠和设置体育产业引导基金的方式吸引社会资本参与体育公共服务供给。

（六）体育公共服务的供给研究

体育公共服务供给研究的一个核心问题就是怎么才能对体育公共服务进行科学合理的供给？由谁供给，以什么方式供给？供给理念是什么？

1. 供给主体方面

肖林鹏（2008）分析了体育公共服务的供给主体可以是政府和体育行政部门，也可以是非政府组织和企业等，他认为体育公共服务应当由政府来供给，但是政府主要是提供者，而不是直接的生产者，政府的职责是体育公共服务供给规则和制度的制定者和监管者。体育公共服务供给应当由政府单一供给主体转向政府、社会组织和企业共同参与供给。[②]

陈静霜（2009）认为，在社会主义市场经济条件下，多种主体参与体育公共服务供给是必然的趋势，多主体供给中政府是核心主体，其职责是主导体育公共服务供给秩序，保证体育公共服务供给的良性运行；企业是体育公共服务供给的重要参与主体，主要是承担差异化的体育公共服务供给；非政府组织是体育公共服务供给的重要主体，主要是为政府所忽视和市场所抛弃的社会弱势群体提供体育公共服务，促进体育公平的实现。

张宏（2013）在传统福利经济学、新公共经济学和新公共管理理论下对公共服务供给主体的分析认为，政府、社会组织和企业都应参与到体育公共

---

① 汪俊. 论推进基本公共体育服务均等化的现实基础［J］. 广州体育学院学报，2016，36（3）：7-11.

② 肖林鹏，李宗浩. 论我国公共体育服务的供给困境［J］. 山东体育学院学报，2008（8）：1-4.

服务供给中来，形成多元化的体育公共服务供给格局。政府在体育公共服务供给中职责主要是制定供给政策、目标与标准，在多供给主体之间组织和协调、控制与监督。企业的职责是高效地提供满足大众需求的更高质量体育产品和服务。非营利组织参与体育公共服务供给能有效弥补体育公共服务供给中的政府失灵和市场失灵。①

　　Butler 和 Wilson（1990）同样也认为，非营利组织具有供给体育公共服务的优势，他们认为相对于政府供给，非营利组织或社会组织之间相互竞争和合作的氛围更好，供给效率更高。② Comez（2008）认为，这种积极的相互竞争能够激励体育社会组织提高体育公共服务供给效率。③ Jacopin 和 Urritia（2007）同样认为，非营利组织参与体育公共服务供给具有更大的优势，他们对非营利组织参与体育公共服务供给的理解更深入，并且专门开展了体育公共服务供给主体的调查研究，发现非营利组织更能根据不同人群的不同体育需求，以最少的资源提供最优质的体育公共服务。④

　　2. 供给模式方面

　　供给模式反映的是政府、社会体育组织和企业之间的合作方式。在"怎样供给"的研究中，专家普遍认同"效率优先""服务社会化"的观点。Stefan Kesenne 和 Paul Butzen（1987）根据 20 世纪 60~70 年代欧洲国家的数据，分析了政府对体育公共设施民营化供给提供补贴后，体育设施价格的变化。⑤ Robin Ammon（2007）的一项对全美大型体育场馆和健身设施的调查显示，全美的体育场馆和健身设施在 1995 年已经有 30% 左右实行了民营化管理和经营。⑥ Nip（2009）开展了一项美国公众体育公共设施参与度调查，认为公众在政府供给的体育设施中的参与度比较低，而公私合营模式供给的体育设

　　① 张宏，陈琦. 我国公共体育服务不同供给主体的职责划分［J］. 广州体育学院学报，2013，33（2）：4 -7.

　　② Butler R J, Wilson D C. Managing Voluntary and Non-profit Organizations［M］. London：Routledge, 1990.

　　③ Jacopin T & Urrutia L. Why NGOs Matter for the Success of Sports Events：The Case of the American's Cup-Working Paper［R］. Research Association 2007, 702.

　　④ Gomez S, Opazo M, Marti C. Structural Characteristics of Sport Organization；Main Trends in the Academic Discussion［R］. Working Paper of IESE, 2008, 730.

　　⑤ Stefan Kesenne and Paul Butzen. Subsidizing Sports Facilities：the Shadow Price-elasticities of Sports［J］. Applied Economics. 1987（19）：101 -110.

　　⑥ Robin Ammon, Jr. Who benefits from the presence of professional sports teams? The implication for public funding of stadiums and arenas［J］. Public Administration Review, 2007（58）：145 -155.

施能更加激发人们体育参与的积极性。①

郇昌店（2008）认为，体育公共服务供给方式可以多种多样，哪种供给方式最有效没有唯一的答案，要根据具体的体育公共服务的性质和特点来进行合理选择，主要是引导多种主体参与体育公共服务供给的竞争，提高体育公共服务供给的效率，而不是完全由市场来供给体育公共服务。

黄昆仑（2018）研究了广东省社会体育组织承接政府体育职能转移的方式，认为当前我国政府体育职能转移主要通过购买服务的方式，根据是否存在竞争分为竞争性和非竞争性两类。竞争性承接包括公开投标、竞争性谈判、和询价；非竞争性的承接包括单一来源谈判、政府资助和政府委托三种方式。②

丛湖平（2016）将政府购买体育公共服务的方式分为独立关系竞争性购买模式、独立关系非竞争性购买模式和依赖关系非竞争性购买模式。独立关系竞争性购买即是政府通过竞争性公开招标的方式选择体育公共服务承接主体；独立关系非竞争性购买即是政府委托方式进行体育公共服务供给；依赖关系非竞争性购买即是单一来源的体育公共服务供给。③

李明（2016）认为现行体育管理模式下，社会资本进入体育公共服务供给的门槛较高，为了引入社会资本参与体育公共服务供给，并且均衡社会资本参与体育公共服务供给中各利益相关主体的关系，提高体育公共服务供给的效率，可以采用 PPP 模式。④

3. 供给的理念方面

刘玉（2011）从体育权利的角度分析了体育公共服务供给理念分为短期和长期两个方面。为保障人们公平的享有体育权利，从短期来看，要继续加大体育公共服务财政投入，特别是在体育公共服务供给中处于弱势地位的群体；从长期来看，要对体育管理体制进行改革，建立多主体供给中相关各方

---

① Nip D. Planning in the Process for Multiplex Sports Facilities: Integrating and Empowering the 'public' in Public-private Partnerships [D]. University of Manitoba, 2009.

② 黄昆仑，汪俊. 广东体育社会组织承接政府职能转移研究 [J]. 体育学刊，2018，25（4）：42 – 47.

③ 丛湖平，卢伟. 政府购买公共体育服务的模式、问题及建议：基于苏、浙、沪、粤等省市的调研 [J]. 体育科学，2016，36（12）：11 – 17.

④ 李明. 从制度安排到实践运行：PPP 公共体育服务项目国家治理的供给侧改革与实施路径 [J]. 天津体育学院学报，2016，31（6）：491 – 495.

的利益制衡机制。①

通过以上学者的研究发现，当前体育公共服务供给应该坚持政府、社会体育组织和企业共同参与，政府是体育公共服务供给的政策、法规的制定者和监管者，市场主体是差异化、个性化的体育公共服务供给者，社会体育组织是处于政府和市场之间的第三部门，既能有效弥补政府失灵和市场失灵的不足，还能促进社会弱势群体公平地享有体育公共服务。在供给机制方式上，政府体育公共服务供给中引入政府购买服务和 PPP 模式能有效地将社会资本引入体育公共服务供给中来，补充政府体育公共服务供给的不足，提高体育公共服务供给效率和质量。在供给理念上，为改变我国体育公共服务供给总量不足、结构失衡等不利现状，短期内政府应该加大对体育公共服务的财政投入，保障公民的平等的体育基本权力，长期来看，应改革体育管理体制，打破单一的由政府公共财政投入为主体的模式，拓展多种渠道，打造体育公共服务多元化的供给模式，加强非政府供给主体的承接能力建设。

（七）体育财政支出效率研究

国外对体育公共服务绩效的研究相对较早。Chiristopher（2002）测量了美国体育公共服务供给的绩效，调查结果显示美国人民的体育公共服务的需求发生了转变：过去相当长一段时间内，美国人民所关注的体育公共服务供给的重点是硬件的体育场地设施，而如今人们关注的重点由这些硬件的设施转变为软性的体育健身指导服务、体育健身活动的组织、社会体育组织的建设等方面。②

同样，英国也很重视政府公共服务供给考核，在 2002 年出台了专门的地方政府绩效考核制度，将公共服务供给纳入了政府绩效考核的范畴。为了更加全面和科学客观地反映政府公共服务供给的质量，英国政府还专门设计了一套考核指标体系，体育设施配置是其中一项重要的考核指标。Kowan Tsou 为了研究体育设施配置的空间合理性，设计了一项衡量体育设施空间配置的标准，根据这一项标准能够判断体育设施对于居民健身的便利程度，进而提出了促进体育公共设施的空间配置更加合理化的建议。③ Tseng M. L.（2010）

---

①　刘玉. 体育权利与体育公共服务供给 ［J］. 北京体育大学学报, 2011, 34（12）: 5 - 9.

②　T. Christopher Greenwell. Assessing the Influence of the Physical Sports Facility on Customer Satisfaction within the Context of the Service Experience ［J］. Sport Management Review, 2002, 5: 129 - 148.

③　Tsou K, Hung Y, Chang Y. An accessibility-based integrated measure of relative spatial equity in urban public facilities ［J］. Cities, 2005, 22（6）: 424 - 435.

设计了一套体育设施评价体系，并选取三个健身点，运用这一评价体系客观、全面地评价其体育设施的配置情况。①

近年来我国在各地也以绩效评价为抓手对体育公共服务绩效进行了监督评价。王景波（2011）将体育公共服务供给过程分为投入——产出——效果，并运用德尔菲法从这三个角度构建了体育公共服务绩效评估指标体系，然后运用层次分析法，计算了各个评价指标的权重②。宋娜梅（2012）从体育公共服务的效能维度、人们的满意度维度和体育公共服务投入维度构建了体育公共服务绩效评价指标体系，然后运用层次分析法计算了三个维度下共58个指标的权重。③

郑家鲲（2013）认为，体育经费投入、体育场地设施、体育组织队伍、规章制度、信息宣传和活动开展这六个方面是影响体育公共服务绩效的主要因素，据此构建了绩效评价指标体系，用德尔菲法确定了各指标权重。但是研究止步于理论上指标体系构建和指标权重，没有这一理论成果的量化运用研究。

袁春梅（2014）运用数据包络分析法，先分析了我国体育公共服务的效率，得出我国体育公共服务效率在逐步提高，分地区的体育公共服务效率差异在缩小；然后运用受限因变量 Tobit 模型分析了经济发展水平、人口密度、地理位置对体育公共服务供给效率的影响。

王秀香（2014）从公民满意度的视角，理论上构建了以公共体育服务公民满意度为一级指标，体育场地设施、体育经费投入、体育政策保障、体育社团建设、体育健身信息、业余体育比赛活动为二级指标和32个具体的三级指标的公共体育服务绩效评价体系，建议采用熵权法确定各指标的权重，但是这一方法没有实践运用分析。④

韦伟（2015）从资金投入、场地设施、人力资源、体质健康等方面，分别运用两轮德尔菲法、主成分分析法构建了群众体育公共服务绩效的理论和

① Tseng M L. Implementing and Evaluating Performance Measurement Initiative in Public Leisure Facilities: An Action Research Project [J]. Computers and Education, 2010, 55 (1): 188 – 201.

② 王景波，赵顺来，魏丕来，郑凯，曲润杰，樊占平，曹亚东，于泉海. 地方政府体育公共服务绩效评估指标体系的研究 [J]. 沈阳体育学院学报，2011, 30 (2): 1 – 3, 7.

③ 宋娜梅，罗彦平，郑丽. 体育公共服务绩效评价：指标体系构建与评分计算方法 [J]. 体育与科学，2012, 33 (5): 30 – 34.

④ 王秀香. 基于公民满意度的公共体育服务绩效评价体系构建 [J]. 南京体育学院学报（社会科学版），2014, 28 (4).

实践指标体系，然后以此标准体系，计算了各省份在体育财政支出方面的得分排名，并以广东省、江苏省、江西省为案例分析影响各省份体育公共服务绩效的主要因素，但是缺少一个全国整体体育公共服务绩效影响因素分析。

邵伟钰（2014）、余平（2010）运用 DEA 模型分别以群众体育事业支出、群众体育事业支出占体育事业支出比重和体育从业人员人均财政投入作为投入变量，从投入—产出视角分析了群众体育公共服务和广义的体育公共服务财政支出绩效。①

张凤彪（2015）运用结构方程模型将竞技体育绩效分解为投入、产出、效果三个二级指标，并将这三个二级指标进一步分解为九个三级指标，进而根据九个三级指标对竞技体育总绩效的权重，分析了影响竞技体育绩效的因素。② 朱汉义（2015）运用误差修正模型，从投入—产出视角以财政投入绝对数作为投入指标，产出指标是以历年获得世界冠军数来代表竞技体育水平、以自己构建的居民健康指数代表群众体育水平，分析了广义的体育公共服务财政支出绩效。③ 张凤彪（2017）采用文献资料调研、逻辑分析等方法对我国公共体育服务绩效评价进行了研究综述，研究发现：（1）我国体育公共服务绩效评价研究尚处于起步阶段，理论研究比较薄弱；指标体系构建存在短板，实证研究缺乏广度和深入。（2）初步形成了"前期基础—经验预选—指标遴选—指标处理—体系构建—确定权重"指标体系构建过程的逻辑顺序。（3）体育公共服务绩效评价实证分析比较薄弱等。张凤彪（2018）从理论基础、评价主体、评价指标和绩效管理 4 个方面构建公共体育服务绩效评价理论体系，分别构建了体育公共服务四位一体的基础理论、评价主体、评价指标和评价管理过程。④

（八）财政与体育发展研究述评

1. 财政支持体育公共服务是由体育公共服务本质和内容决定的

（1）在体育公共服务研究中，一些学者采用的是公共体育服务的称谓，

---

① 余平. 财政体育投入的效率研究 [J]. 武汉体育学院学报，2010，44（10）.
② 张凤彪. 基于结构方程模型的竞技体育公共支出绩效评价研究：25 个省、自治区、直辖市的实证分析 [J]. 体育科学，2015，35（2）：31–40，53.
③ 朱汉义. 我国财政体育投入效能实证分析 [J]. 上海体育学院学报，2015，39（1）.
④ 张凤彪，王松. 公共体育服务绩效评价 "四位一体" 解构 [J]. 西安体育学院学报，2018，35（6）：663–670.

另一些学者采用的是体育公共服务的称谓，细读其研究内容无论是公共体育服务还是体育公共服务，其研究对象都是一致的，重点在"公共服务"和"体育"，或是说公共服务在体育领域的扩展，或是说体育领域的公共服务，从财政法的角度其本质是一样的，即是强调研究的对象本质是体育公共品。

（2）关于体育公共服务内涵的研究，即对体育公共服务的本质属性进行了分析，"公共服务"主要是指公法授权的政府和非政府公共组织以及有关工商企业在纯粹公共物品、混合性公共物品以及特殊私人物品的生产和供给中所承担的职责；"公共物品"指的是包括政府"弥补市场不足，促进社会公平"在内的所有工作。公共服务可以提供纯公共产品，也可以提供准公共产品或者是私人产品。从这些体育公共服务本质的研究，就划定了财政支持体育发展的范围。

（3）关于体育公共服务体系内容的研究，即明确了我国体育公共服务的主要内容。为已有的体育公共服务的量化研究提供了指标参考，也为本书在结合数据的可获得性基础上的实证研究产出指标选取指明了方向。

2. 财政支持体育发展研究

（1）体育产业财政政策研究。目前对体育产业财政政策的研究相对较少，主要认为倾向于体育事业，体育产业税收优惠较少、应该积极借鉴国外经验建立体育产业投融资体制和体育产业引导基金以及 PPP 模式发展体育产业。（2）财政致力于实现体育公共服务均等化。相关文献研究中指出，体育公共服务的供给制度和体育财政投入不足、地方政府体育事权与财权不匹配以及不同地域经济水平存在差异等是造成体育公共服务非均衡化发展的主要原因。财政是保障体育公共服务均等化的重要措施之一，诸多学者建议通过完善体育公共服务财政转移支付制度、建立与完善财政体育支出绩效评价和监管机制，逐步促进体育公共服务供给的均等化。（3）体育公共服务的供给研究中，目前我国体育公共服务供给依然是政府主导的模式，财政支出是主要的资金来源。为改变我国体育公共服务供给总量不足、结构失衡等不利现状，短期内政府应该加大对体育公共服务的财政投入，保障公民的平等的体育基本权力；长期来看，应致力于改革体育管理体制，打破单一的由政府公共财政投入为主体的模式，拓展多种渠道，打造政府、社会组织和私人部门共同组成的体育公共服务多元化的供给模式，加强非政府供给主体的承接能力建设，根据不同供给主体的性质，采用不同的财政政策引导其参与体育公共服务供给。

3. 体育公共服务财政支出效率研究

我国学者们关于体育财政支出的效率已有研究，在研究方法上主要采用德尔菲法、数据包络分析法和平衡计分卡法、模糊层次分析法；在研究对象上忽视了竞技体育公共服务，仅关注了群众体育公共服务，但是都是对体育公共服务领域效率评价的尝试，也让我们看到了体育财政支出效率评价的是未来体育领域研究的一个发展方向。

4. 既有财政支持体育发展研究的拓展

根据前面三点总结，发现已有体育公共服务的研究正在逐步深入。一是从财政学的角度，根据政府体育行政部门职能和财政支持体育发展的范围，不仅局限于群众体育和竞技体育，财政也扶持体育产业发展，我国体育产业发展的市场化基础薄弱，还存在很多体制和机制障碍，以及体育市场发展初期的监管都需要政府的支持。二是根据体育公共品不同供给主体的供给优势，探究财政在体育公共服务多元化供给中如何发挥引导作用，引导和激励各可能的供给主体积极参与到体育公共服务的供给中来，完善体育公共服务体系，增加体育公共服务供给数量，提高体育公共服务供给质量。多主体参与体育公共服务供给是缓解现阶段我国体育公共服务供给不充分、不均衡矛盾的重要举措。三是在当前加强政府预算支出绩效和财政体制改革深化阶段，也是与之相关的体育体制改革的机遇，应深入推进体育财政支出绩效评价，加强体育财政支出绩效管理，提高体育财政支出效率。四是发挥财政资金对体育产业发展的杠杆作用，设立体育引导基金或搭建金融服务平台助力体育产业发展。

三、本书研究框架

（一）研究思路

财政投入是现阶段我国基本公共服务最主要财力来源，在保障基本公共服务供给中享有不可替代的作用。体育公共服务是国家公共服务体系的一部分，也离不开财政的支持。那么财政支持体育的理论基础是什么？财政支持体育的范围是什么？体育有什么功效？财政如何引导体育公共服务实现供求均衡？体育财政支出政策是如何演变的？到目前为止我国体育财政支出现状如何，体育财政支出存在的问题是什么？是什么原因导致的？体育财政支持体育发展的效果和效率如何？是哪些因素影响了体育公共服务财政支出的效率？如何调整和完善我国体育财政支出促进体育发展？本书主要针对上述问题展开研究。

本书遵循经济学论文的经典框架，按照理论分析支撑实证检验、实证检验佐证理论分析结论的双重关系展开研究。研究思路可以归结为：研究背景和研究意义→阐述财政支持体育发展的理论依据→相关概念界定→财政引导体育公共服务实现供求均衡→体育财政支出政策变迁→我国体育财政支出现状、问题和原因→我国体育财政支出效率及影响因素的实证分析→国外财政支持体育发展的经验→完善我国财政支持体育发展的政策建议。

（二）研究内容

按照本书的研究思路和研究目标，研究内容主要包括如下方面：

导论部分为研究背景和意义、文献综述、研究思路、研究内容、研究方法、创新点与不足。

第一章财政支持体育发展的理论分析。第一节分析了财政支持体育公共服务的理论依据，从四个理论角度说明财政支持体育公共服务有其财政法的正当性：体育产品和服务具有正外部性、政府通过委托代理链条提供体育公共服务、公共选择按需供给体育产品代替政府强制优效品、体育产业发展需要财政扶持。第二节财政支持体育发展的相关概念界定中分析了财政支持的范围是体育公共服务（体育事业）和体育产业，然后具体阐述了体育公共服务的内涵，体育公共服务的分类和体育产业的概念。第三节进一步对体育功效进行了论述：从我国体育本体的强身健体功能到体育的政治战略功能，再到如今具有经济意义的拉动体育相关领域的消费、培育体育产业市场的功能。体育的这一系列功效，说明体育事业和产业发展是政府的一项重要工作。第四节是对体育公共服务的供求分析，国家必须通过财政政策手段调控和引导我国体育产品和服务实现供求均衡。

第二章体育财政支出政策演变及现状。第一节分析我国体育财政管理制度的变迁。首先，在计划经济时期，我国实行的是统包统管的财政体制，从而这一时期所形成的体育财政管理体制也是统包统管的政府供给型制度，体育主要发挥着政治意义上的强国功能。在体育事业内部主要是竞技体育公共服务承担着这一功效，财政支出主要优先支持竞技体育发展，形成了"三维一体"的竞技体育举国体制。其次，在改革开放初期，国家鼓励体育事业单位逐步实行"以体为主，多种经营"，走"事业型"向"经营型"转变的发展模式，为弥补体育事业发展经费的不足，1994 年开始国家体委发行了体育彩票，用体育彩票发行中提取的体育彩票公益金发展体育事业。提取的体育彩票公益金主要用于发展群众体育和竞技体育。20 多年来，在国家大力扶持下，作为对财政一般公共预算支出补充的体育彩票公益金，用于群众体育发展的份额逐渐增大，群众体育与竞技体育出现了协同发展的势头。新时期，市场在社会资源配置中逐渐发挥越来越重要的作用，体育领域的市场化运作也越来越普遍。体育产业进入发展的快车道，有效弥补了政府体育公共服务供给的不足。第二节讨论了我国体育财政支出状况。多年来财政支持体育事业发展的财政支出的总量达到了什么规模、分类支出结构、城乡支出结构、地区支出结构是怎样的？这是本章讨论的主要内容。

　　第三章体育财政支出促进体育发展的实证分析。随着体育财政支出的不断增长，对我国体育发展的影响如何呢？在多大程度上影响了我国体育发展？基于这些问题本书构建了体育财政支出与体育发展的回归分析模型。首先，我国体育事业发展水平如何？体育发展水平在我国还没有一个权威统一的指标，但是体育事业发展的目标是提升国民身体素质和提高竞技体育水平，政府在围绕这一目标履职中开展了各项体育工作，建成了体育场地设施、组建了社会体育组织、发展了社会体育指导员、定期对国民进行体制监测、培养了优秀运动员、国际国内比赛中获得了世界冠军。基于这些产出，本书用变异系数法构建了体育发展水平指数。以体育发展水平指数为被解释变量，体育财政支出为解释变量，体育系统从业人数、经济发展水平和人口规模为控制变量，分析体育财政支出对体育发展水平的影响。通过面板数据回归分析，发现体育财政支出与体育发展水平呈正相关，我国体育发展水平的弹性系数小，体育财政支出每增加 1 个单位，体育发展水平提高 0.14728 个单位。如果要提高体育发展水平，财政需要更大程度上增加体育财政支出，体育财政支出绩效不高。

　　第四章我国体育财政支出效率分析。实证分析主要的是构建投入——产出模型，根据数据的可获得性，在投入指标上选择人均体育财政支出，产出指标上选择接受国民体质监测人数、每万人体育场地面积、每万人公益社会体育指导员人数、社会体育组织数、每万人优秀运动员数、世界冠军人数。运用 DEA 模型分析了全国层面和分东部、中部、西部和东北地区的体育财政支出的纯技术效率和规模效率，实证分析结果表明，从全国层面影响我国体育财政支出技术效率的主要是规模效率，表明我国体育财政支出规模与最优规模存在差距，应该增加体育财政支出。但同时我国大部分省份体育财政支出规模报酬递减，因此，当前应该适当控制体育支出规模，注意调整体育财政支出结构。从三大地区层面来看，东部地区情况与全国情况一致，中部和西部地区影响体育财政支出技术效率的主要是纯技术效率，9年纯技术效率的均值低于规模效率的均值，因此提升体育支出技术效率的重点是改善纯技术效率。纯技术效率反映的是各省份在体育发展过程中相关制度和管理因素的绩效，即各省份在一定的体育财政支出规模下，合理调整体育财政支出结构，有效利用体育财政支出提高体育产出水平的能力。体育财政支出纯技术效率相对较低，因此，为提高体育财政支出的配置效率，应将重心放在调整体育财政支出结构，改善与体育财政支出相关的制度环境并提高管理水平。然后，在第二节基于Malmquist指数分析我国体育财政支出促进体育发展的效率变化。通过体育财政支出生产效率TFP分解为技术效率变化和技术进步变化，得出主要是技术进步变化影响了体育财政支出生产效率，即体育财政支出生产技术前沿面倒退，表明我国体育财政支出促进体育发展的生产技术需要改进，在本书中表现为体育公共服务供给方式、群众体育公共服务供给方式和竞技体育人才培养方式不合理。

第五章我国体育财政支出存在的问题及成因。体育财政支出存在的问题体现在体育财政支出总量相对不足、体育财政支出结构不合理、体育财政支出绩效不高、体育财政支出生产效率前沿面在倒退和财政对多元化投入引导不足，然后分析导致这些问题的原因是：体育财权与事权不匹配、体育财政支出坚持"效率优先"原则、政府体育财政支出重政绩轻以人为本、体育财政支出绩效管理重视程度不够、产业引导资金使用定位不准及税收优惠政策不健全。

第六章国外体育发展财政支出的经验借鉴。因各国体育公共服务的发展与所在国的经济发展水平有关，本书选取了除非洲以外的其他四大洲体育公共服务发展具有代表性的国家，通过描述各国体育公共服务管理体制、体育财政收支，来总结其体育公共服务发展的经验：政府和个人分摊竞技体育培养成本、向社会体育组织购买体育公共服务、单项运动项目协会负责竞技体育管理工作。

第七章完善财政支持体育发展的政策建议。综合前面的理论和实证分析，以及国外体育产业发展的经验，提出了改进体育财政支出绩效的政策建议。第一节是完善体育财政支出管理，建立稳定的体育财政支出增长机制、"减支出增收入"，促进地方体育事权与财力相匹配，完善体育财政支出转移支付，保障体育公平，加强体育财政支出绩效管理。第二节是优化体育供给侧提升体育绩效：以体教融合方式多渠道培养高水平运动员，以政府采购和PPP模式高质量地供给群众体育公共服务，以单项项目协会实体化改推进竞技体育"管办分离"。第三节完善体育产业发展的财政政策，包括优化体育产业引导资金运行管理、完善体育产业税收优惠政策、设立体育产业发展政府引导基金和金融服务平台助力体育产业发展。

（三）研究方法

本书采用理论分析与实证研究相结合的方法，对体育财政支出的绩效进行研究，总体上主要运用以下研究方法：

1. 文献研究法

广泛阅读众多学者在体育领域、财政支出领域、经济学领域、管理学领域、公共服务领域的大量文献资料。通过对文献的归纳与总结，以及对所选研究对象的深入思考和探究，本书在吸取了与体育公共服务财政支出相关的理论精髓、借鉴与体育公共服务财政支出相适应的重要研究方法的基础上，探寻财政支持体育公共服务的理论基础、财政支持体育的范围、体育功效的演变；厘清了社会不同发展时期，在具体的经济体制和财政管理制度下的体育财政支出政策，为本书进一步深入分析奠定了理论基础。

2. 定量分析与定性分析相结合的方法

一方面，对我国体育公共服务财政支出规模、结构进行了定性的描述；另一方面，运用DEA-malmquist模型对我国体育财政支出的效率进行了测度，并在此基础上实证检验了影响我国体育财政支出绩效的原因，为完善财政支持体育发展的政策建议提供了数据资料支撑，使财政支出决策更加科学化。

3. 比较分析法

本书选取了英国、美国、澳大利亚和日本四个国家，通过描述各国体育财政管理体制、体育财政收支，总结其体育公共服务发展的经验，为处在现阶段社会经济发展背景下的我国体育公共服务的发展提供借鉴。

四、本书创新点与不足

1. 研究的视角创新

本书视角具有一定的新颖性和现实性。一是国内学者对体育公共服务的研究，从公共品视角的研究成果较少，从财政支出角度体育公共品的研究更少。二是本书研究了体育发展中财政支出存在的问题，试图从财政支出角度提出促进体育事业和产业发展的对策建议。

2. 研究的内容创新

本书的研究内容创新体现在两点上：一是已有研究的体育公共服务绩效或是以社会体育（群众体育）为研究对象，或是研究竞技体育公共服务为对象。而根据目前我国体育发展的特点，财政支持的范围包括三大块：群众体育公共服务、竞技体育公共服务、体育产业。本书拟将体育财政支出的研究范畴扩大至包括这三大块，分析了体育事业和产业发展中财政支出存在的问题，并提出了对策建议。二是将体育发展与社会经济、财政相结合，分析了不同时期相应国家的体育发展财政支出政策，从政策层面上探寻了当前我国体育财政支出结构不合理的制度渊源。

3. 研究的不足

一是由于本书主要研究的是我国体育财政支出问题，可能缺少一个体育发展成就全貌的描述。二是本书虽然将体育公共服务的研究对象扩展至体育产业，但是由于我国体育产业的相关统计工作正在逐步建设中，相对于群众体育、竞技体育，体育产业相关数据缺乏。因此，在本书中没有对体育产业财政支出对体育社会资本投入的拉动效率进行分析。待各省份体育产业统计工作逐步完善后，可以研究体育产业财政支出对各省份体育社会投资的拉动效率。

第一章 财政支持体育发展的理论分析

第一节 财政支持体育发展的理论依据

一、体育公共服务具有正外部性

体育是以身体练习为基本手段，以增强人的体质，促进人的全面发展，丰富社会文化生活和促进精神文明为目的的一种有意识、有组织的社会活动，它是社会文化的一个重要组成部分。[①] 体育公共服务具有公共品的属性，受益的非排他性和消费的非竞争性。非排他性是指一个人在使用某种物品时，不能排除他人同时从该物品中获得效用，或者排他成本高于收益以至于经济上和技术上不可行的情况。例如，不收费的公共体育场地设施在对外开放期间，所有大众都可以到体育场地锻炼。非竞争性是指一个人对产品或服务享用的同时，并不会减少其他人享用这种物品和服务的数量与质量，即增加一个人消费该产品时边际成本为零。一个人在使用公共体育场地设施时并不减少其他人享用的机会和数量，增加一个使用者其边际成本为零。但是当使用者超出其容量时，会影响其他人的效用。因此体育公共服务属于公共品。

体育公共品具有正外部性。从个人层面上看，能够促进人的体能发展、增强体质、增进健康，也有助于培养个人超越自我、坚毅的品质，提升个人身体和心理素质。从国家层面来看，一方面，体育活动有助于提高全民族的身体素质，人民体质是发展社会生产力必不可少的物质基础；另一方面，中国运动员在国家竞技体育赛场上的表现向世人展示中国人民健康，追求

[①] 毕荣华，安国彦主编. 大学体育与健康 [M]. 北京：中国水利水电出版社，2014.

和平、友好、进取的民族形象。由于体育公共服务的公共性和正外部性，政府有责任、有义务供给体育公共品。同时由于个人在使用体育产品和服务时存在"搭便车"行为，市场主体企业作为追求盈利的理性经济人，其在提供体育公共品时边际成本大于边际收益时，必然会减少或放弃体育公共品的供给。体育公共品如果完全由市场供给，必然会导致市场失灵。因此，为了保障公民的体育权利，实现体育公共品供给达到社会帕累托最优，政府应该承担起体育公共品供给的责任，以公共财政支出保障体育公共服务供给。

二、政府通过委托代理链条提供体育公共服务

文森特·奥斯特罗姆（Vincent Ostrom）、查尔斯·蒂博特（Charles Tie-out）和罗伯特·沃（Robert Warren）提出的公共品政府"提供"与"生产"相分离的概念，改变了政府集提供与生产于一身的局面，丰富了体育公共服务供给方式。这一理念下，体育公共服务供给链条中涉及公众、政府和企业（或社会组织），这三个主体之间的形成的两层委托代理关系完整地展现了体育公共服务供给过程。政府是体育公共服务的提供者，企业（或社会组织）是体育公共服务的生产者，公众是体育公共服务的消费者。公众作为委托人将体育公共服务供给委托给政府，这是第一层委托代理关系。政府权力在社会契约论和人民主权论下，公众与政府之间存在着一种事实上的契约关系，按照此契约公众是委托人，是最终的利益主体，即公众对某种公共产品和服务有需求，并将这种需求要求诉诸政府。政府是代理人，它的根本任务就是通过组织、管理国家和社会事务，来最大化实现人们的意志和利益。[①] 政府权力来源于公众权力的让渡，在公众委托政府提供体育公共服务的关系中，政府手中的资源、权力属于公有资产，归公众所有，政府运用这些资源和公众赋予的权利，代理公众进行体育公共服务供给决策，确定公共服务的生产者、公共服务的数量、对服务的供给进行融资、对生产公共物品和服务的组织进行管理。[②] 至此体育公共服务的第一层委托代理关系就产生了。第二层委托代理关系是政府和企业（或社会组织）之间。政府作为委托人，委托企

---

① 周春梅. 公共服务外包委托—代理问题研究 [D]. 燕山大学，2006.

② 郑闻. 政府公共服务外包委托—代理问题研究 [D]. 上海师范大学，2009.

业（或社会组织）代理公共产品和服务的生产。或是内包组建自己的公共部门，包括国有企业和事业单位进行生产；或是通过外包以合同承包、特许经营等形式交由企业或者非政府组织来完成。合同承包是指，政府通过向企业付费的方式，向公众提供由企业（或社会组织）生产的体育公共服务。特许经营是采用政府授权给特定企业（或社会组织）来生产体育公共品的方式。与合同承包不同，它们提供体育公共品，消费者直接向体育企业（或社会组织）付费。通过两个层次的委托代理关系，政府完成了体育公共服务供给职责，公众也享受到了体育公共服务。

三、公共选择按需供给体育产品代替政府强制优效品

优效品是政府强制人们消费的，认为对个人和社会均有益，且效用较高的物品或劳务。由于新中国成立以来，社会经济基础薄弱，我国实行了社会主义高度集中的计划经济体制，资源配置以计划为手段，行政主导性较强，在公共品供给的供给规则与程序的制定上占据着绝对的优势。理论上政府是公共供给市场上公众的代理人，代理公众进行公共决策，然而进入经济市场，其行为方式仍然符合经济人理性的假设，追求其统治和治理的自身效用最大化。因此，公共供给就只能是政府供给和公众需求之间折中的强制优效品。

在当前的体育公共服务供给机制中，公众是弱势的一方。其需求无法通过有效的机制来表达。我国各级人民代表大会是我国最重要的民意表达机构，它能够集中反映和行使多数居民的意志。人民代表大会制度是一项有效的制度安排，但制度的效率很大程度上取决于实施过程，[①] 问题的关键是公众体育公共品需求是否得到了有效的表达。从目前社会实际情况来看，人民代表大会制度在公众公共品需求表达中的作用还没有得到充分发挥。体育公共品供给通常是由地方政府负责，地方政府在体育公共品供给决策中，往往参考其上级部门的考核指标，来选择体育公共服务的供给内容。加之我国公民的公民权利意识薄弱，地方政府也无力动员公众参与决策，最终导致体育公共服务有效供给不足。

---

① 孙秋明. 行政自由裁量还是公共选择——以农村公共品供给决策为例 [J]. 财政研究，2003 (12)：13－15.

政府权力是公民赋予的。政府的公共行政决策权来自公民，因而公共选择从本原意义上是公民作出的，自然应体现公民的意愿。换而言之，合理的公共行政决策程序应是自下而上的，政府提供的体育公共品必须是公众需要的。大众的体育公共品需求是政府体育公共品供给内容。政府行为是一种集体行为，政府的决定是一种集体决策，是一种公共选择。集体决策是反映大众对公共品需求的一种途径。体育公共品的集体决策是非市场决策，大众的需求偏好并不能以买卖形式反映出来，因此，有一些体育公共品供给少了，其他一些体育公共品供给多了，或者是供给的质量和效率不高。① 针对政府供给和大众公共品需求信息不对称的契约失灵现象，公共选择学者认为政府将其不应该做的和做不好的事交给市场来完成，以公共选择按需供给替代政府优效品。政府退让到决定是否提供某种公共品，提供什么样的公共品，以及对公共品生产过程的监督和评估。② 在财政支出方面，通过预算安排或政策安排，将部分公共品委托给私人和社会组织生产。打破政府独家生产和供给，实现政府和非政府部门相结合的供给模式，大众可以根据公共品不同的分类和品种，选择适当的供给主体。③

四、体育产业的培育发展需要财政支持

近十年来，体育产业发展，这一社会普遍关心的热点问题，在实践探索中取得了一定的成就，也开始得到了政府层面的积极回应，相继出台了一系列的指导文件：2010 年出台的《国务院办公厅关于加快发展体育产业的指导意见》，指出到 2020 年培育一批具有国际竞争力的体育企业，形成一批有影响力的体育产品品牌；建立以体育服务业为重点，门类齐全、结构合理的体育产业体系和规范有序、繁荣发展的体育产业市场；多种经济成分参与兴办体育产业；形成管理规范、充满生机活力、与国际接轨的体育社会组织体系；居民人均体育消费显著增加，体育产业增加值占国内生产总值比例明显提高，形成体育公共服务与体育市场相互结合、体育事业与体育产业协调发展的局

---

① 杨龙，王骚. 政府经济学 ［M］. 天津：天津大学出版社，2004.

② 何精华. 区分供给与生产：基于政府公共服务职能实现方式的分析框架 ［J］. 中国行政管理，2007（2）：104－109.

③ 陈岳堂，熊亮. 非营利组织参与社区公共品供给机制研究 ［M］. 北京：北京理工大学出版社，2015.

面。随后，2014 年出台了《国务院关于加快发展体育产业促进体育消费的若
干意见》。国家连续出台发展体育产业的利好政策，大量社会资本把目光投
向了体育产业，但是一直在徘徊和寻找进入的切口。政府层面如何将社会资
本导流到符合国家体育产业发展规划方向的领域，即体育产业的战略性环节
或薄弱环节，这就需要财政发挥宏观调控作用，发挥体育产业在促进经济社
会全面协调发展中的作用，加快推进经济发展方式的转变。体育产业从以下
两个方面来看，有获得财政支持的正当性。首先，体育产业能弥补政府体育
公共服务供给的不足。政府体育公共服务供给是与国家经济社会发展的水平
和阶段相适应的基本体育公共服务。随着国家经济的发展，政府供给体育公
共服务的内容会更丰富、层次更高。这些应由政府供给的层次相对更高、内
容和范围更广泛的体育公共服务，目前仍需要大众以付费的形式自我承担。
相对基本公共服务来说，他们现阶段归属于准公共服务理应由政府和大众分
担成本。其次，体育产业发展的市场环境还不成熟，与国外已经发展成熟的
体育产业相比，我国体育产业还处于幼小的初级阶段。加之体育产业与其他
产业的关联性强，如体育与健康产业、体育与旅游产业的融合，能够催生新
的经济业态，政府应当支持体育产业的发展。

第二节　财政与体育发展的相关概念界定

一、财政支持体育的范围

体育公共服务是公共品。社会主义市场经济下的公共财政在本质上是为
满足人们的公共需要而存在的。根据公共性程度的不同，公共品可以分为纯
公共品和准公共品。纯公共品具有使用上或消费上的非竞争性和受益上的非
排他性，因此完全市场供给模式在纯公共品提供上是失灵的，必须由政府提
供，财政全额负担。准公共品具有局部的非竞争性和非排他性，可以通过市
场交换获得，财政只需负担其差额。一般将体育事业划分为群众体育、竞技
体育和学校体育。群众体育、竞技体育由国家体育行政部门负责，学校体育
划归到教育部，由教育部的体育卫生与艺术教育司负责，主要是指导大中小
学体育、协调大中学生参加国际体育竞赛等交流活动。在实际操作过程中，
国家体育总局之于学校体育工作主要行使协助、配合和监督权，学校体育由

教育部门直接管理。① 国家体育总局的主要任务是推动和促进群众体育普及和竞技体育水平的提高。体育事业按照政府体育行政管理职能分为群众体育、竞技体育和体育经济管理（体育产业）。群众体育即大众体育，主要是为了保证满足大众居民体育锻炼的基本需要。竞技体育供给有三类，一是为了国家层面对高水平竞技体育的国际和国内的战略性需要，称为"竞技争光"；二是为满足大众对高水平体育赛事观赏的精神性需要，称为"竞技表演"；三是大众竞技体育参与，称为"竞技参与"。目前"竞技表演"普遍采用市场化供给。因此，群众体育、竞技体育中的竞技争光和竞技参与的效用决定了它们是体育公共品的重要组成部分，财政应该予以支持。体育产业因其弥补体育公共服务不足和还处于幼小的初级发展阶段，需要政府财政扶持其发展。

综上所述，我国体育公共财政投入的合理边界应根据我国的国情原则、公共原则、协调发展原则及导向原则，应约束在市场失灵的范围内，主要界定在体育公共产品的供给和扶持弱小的体育产业发展方面。因此当前我国体育公共财政保障的边界涉及群众体育、竞技体育和体育产业三方面，这也是本书财政支持体育发展的范围。

二、体育公共服务的内涵

体育公共服务可以分为过程说和产品说。过程说即是各级政府或组织利用公共资源，为人们提供体育公共产品和服务的过程。随着市场经济的逐步完善和我国经济社会矛盾的变化，政府职能由经济建设型向公共服务型转变。从这一政府职能角度，体育公共服务即是政府调配社会体育资源，以组织各种体育活动的形式，为人们提供体育产品和服务的过程。产品说，即是指政府在提供体育公共服务中，为人们提供的各种体育产品和服务。本书中的体育公共服务是指产品说下，传统财政理论认为的由市场提供会出现失灵的公共产品和服务。

三、体育公共服务的类型

根据体育公共服务概念的外延不同，按照不同的标准，体育公共服务的

---

① 郝勤. 论中国体育"举国体制"的概念、特点与功能 [J]. 成都体育学院学报, 2004 (1): 7-11.

类型划分不同。根据服务对象的不同，可以将体育公共服务划分为群众体育公共服务、竞技体育公共服务和学校体育公共服务。① 群众体育公共服务是以广大人民群众参与体育锻炼为指向的体育公共服务。目前群众体育内容分类较竞技体育内容分类更明确，主要包括体育场地设施、体育健身指导、体育活动组织和体质监测等。竞技体育公共服务是以运动员取得优异成绩，并为大众提供竞技体育参与和竞技争光的体育公共服务；学校体育在我国现行体育管理体制下，是由教育系统负责的，目标是促进青少年的体育参与和增强体质，也培养少量的竞技体育人才。根据服务的范围，体育公共服务分为全国性体育公共服务和地方性公共服务。全国性体育公共服务是指体育公共服务的受益范围遍及全国，所有公民都能毫无例外的享有，这类服务主要由中央政府负责供给，如体育法律法规等；地方性体育公共服务是指体育公共服务的受益范围为某一地方的居民，通常由地方政府负责供给。根据服务的层次分，体育公共服务分为基本体育公共服务和选择性的体育公共服务。基本体育公共服务属于体育公共服务的一部分，是在现阶段经济社会发展水平下，在国家没有足够的财力满足公民所有的体育公共服务需求时，由政府提供的不超出其财政能力范围，满足公民最基本的生存与发展的体育需求的公共服务。不同经济社会发展阶段，所提供的基本体育公共服务的内容会有所不同，基本公共服务的水平随着经济的发展水平而变化。选择性体育公共服务是指基本体育公共服务以外的，部分公民需求的更高层次的体育公共服务，如高尔夫、保龄球等项目，这是我国现阶段经济社会水平下，还无法纳入基本体育公共服务体系的内容。随着我国经济社会的发展，纳入国家基本公共服务体系的体育公共服务内容和范围将逐步扩大。本书对体育公共服务的分类是，综合政府体育行政部门职能和体育财政支出范围两方面因素，认为包括群众体育公共服务、竞技体育公共服务。另外由于我国体育产业发展还处于起步阶段，政府应将其纳入财政支持范围。

四、体育产业的概念

对于体育产业这个概念，不同的人有不同的理解，因此必须对这一概念

---

① 周爱光. 从体育公共服务的概念审视政府的地位和作用 [J]. 体育科学，2012，32（5）：64-70.

进行界定，以规范本书探讨的逻辑起点。有人认为体育产业就是体育事业中可赢利的那一部分，比如体育事业单位的经营收入。也有人认为体育产业就是市场经济体制下运行的体育事业，这一定义是从体育事业的角度出发来看体育产业。本书认为体育产业应该是独立于体育事业的，体育产业是指用市场经济的手段来挖掘当前体育的经济价值而开展的任何生产经营活动，因而从体育消费和经济学的角度出发，可以把体育产业定义为向社会提供体育产品或服务的，满足人们多样化、个性化体育消费需求的行业。体育事业基本由政府保障供给，包括群众体育公共服务和竞技体育公共服务，体育公共服务之外的人们更高层次、个性化、专业化的体育需求，可以通过体育产业市场来供给。根据我国体育产业统计分类（2019）定义，体育产业是指为社会提供各种体育产品（货物和服务）和体育相关产品的生产活动的集合。体育产业共包括 11 个大类：体育管理活动，体育竞赛表演活动，体育休闲健身活动，体育场地和设施管理，体育经纪与代理、广告与会展、表演与设计服务，体育教育与培训，体育传媒与信息服务，其他体育服务，体育用品及相关产品制造，体育用品及相关产品的销售、出租与贸易代理，体育场地设施建设等。

第三节　体育的功效

一、群众体育的强身健体功能

体育的强身健体功能主要表现在健身、保健和益智方面。体育是通过身体运动的方式参与，这就决定其最本质的功能是健身。体育健身能够促进人的身体生长发育、提高个体身体的活动和运动能力，能有效提高人的身体素质，适应各种复杂的外部自然环境。在增加个人健康方面，身体锻炼可以改善和提高人的呼吸系统、循环系统、运动系统的功能，加速新陈代谢、吐故纳新，增进人的肌体免疫能力，防止疾病，延缓衰老，保持旺盛的体力和精力，延年益寿。经研究表明：经常锻炼的人在 40~50 岁时，身体机能仍相当稳定，即使到了 60 岁，其心血管系统的功能仍相当于 20 多岁不锻炼的人。人在体育运动时，提高了中枢神经系统的转换速度和稳定性，使人的视野更开阔、听觉更灵敏，极易捕捉瞬间万变的各种信息。

而且大脑皮层在兴奋和抑制状态下更替，有助于大脑的记忆、思维和创造力的改善，促进人的智力发展，这也是劳逸结合能有效提升工作效率的原因。

二、竞技体育的政治战略工具功能

政治功能是历史上体育外延式发展后最先凸显出来的主要功能。体育运动本身是没有什么政治性、阶级性的，但是体育工作和从事体育运动的人却是有政治性和阶级性的。体育运动无国界，体育健儿有祖国。[①]

美国丹佛大学的蒂姆·西斯克专门研究国际政治关系中的体育，认为一个国家的体育成就能够从一个侧面反映这个国家的社会运行情况，如果一个国家在体育方面的表现相当出色的话，那么这个国家在社会管理方面也会是相当出色的。[②] 体育运动是文化的一部分，但是与其他类型的文化有所不同，最直观的就是竞技体育的比较性。人们对体育运动成绩的感受是直观快速的，在普通人民的生活中看来，对成绩的理解仅仅是运动员的刻苦训练与否造成的，而从国家治理和国际政治较量的角度则反映的是竞技体育成绩背后国家体育管理体制和经济文化的软实力。因此，体育运动表面上比较的是运动成绩，再进一步比较的是国家体育管理体制，更深层次的是比赛成绩所展示的国家政治和经济实力的较量。[③]

1950 年，毛泽东同志在《新体育》中，明示全党和全国人民，新的体育要为社会主义建设服务。体育的政治功能最集中地体现在外交上，体育外交功能体现在：选派体育代表团访问其他国家，代表了两国之间良好的外交关系；取消原定的两国之间的体育外事访问，宣示着对出访国国家政策及政治行动的不满。其中代表性的是 1971 年的中国和美国乒乓球代表团互访，一方面推动了两国关系正常化的进程，加速新中国走向世界的步伐——1971 年我国恢复了在联合国合法席位。另一方面也为 1972 年的尼克松访华搭建了桥梁。20 世纪 80 年代末 90 年代初，我国开始积极承办和申办一些国际体育赛事，1991 年中国政府提出了申办第 27 届奥运会，积极通过体育扩大对外交流，充分发挥了体育在特定时期的政治作用。在中国政府的不懈努力下，终

①　伍绍祖. 认识和发挥体育的政治功能 ［J］. 思想政治工作研究，1992（2）：9，24.

②　佚名. 外刊外电评论即将进行世界杯的中国队 ［N］. 参考消息，2002－05－31.

③　温显娟. 公共外交的有效途径：体育外交 ［J］. 理论与现代化，2015（1）：67－71.

于在 2001 年申办成功第 29 届奥运会。2008 年北京奥运会中国队取得了金牌总数第一，奖牌总数第二的好成绩，见证了中国体育的首次崛起，进一步向国际社会展示中国国力强盛之后的"和平崛起"形象。新中国成立以来中国体育活动中政治功能经历了：50 年代的"保家卫国"主体，70 年代"友谊第一"的内外交意识，80 年代"振兴中华"崇高理想，再到新世纪宣传中国"和平崛起"民族理念的变化。①

进入 21 世纪，随着国家综合实力的增强，人们的心态上升到更清醒和更理性的层面。人们对体育功能的价值观逐渐从"工具论"向"本体论"、从"手段论"向"目的论"转变。体育逐渐从强调为政治工具或生产工具服务回到"培养全面发展的人"的终极目标。新时期"以人为本"的人文体育价值观，将使体育"追寻健康、幸福生活"的本质功能得到充分的体现。政治功能有所弱化，体育经济功能发展为显著功能。

三、体育产业的经济功能

改革开放以来，体育的经济价值被越来越多的人认知。体育不再是由国家包办的社会福利事业，而逐渐地向产业化转变。2019 年 4 月 9 日国家统计局，依据《国务院关于加快发展体育产业促进体育消费的若干意见》《国务院关于印发全民健身计划（2016 – 2020 年）的通知》和《国务院办公厅关于加快发展健身休闲产业的指导意见》等文件精神，以《国民经济行业分类》（GB/T 4754 – 2017）为基础，颁布了《体育产业统计分类（2019）》。将体育产业范围概括为：体育管理活动，体育竞赛表演活动，体育健身休闲活动，体育场地和设施管理，体育经纪与代理、广告与会展、表演与设计服务，体育教育与培训，体育传媒与信息服务，其他体育服务，体育用品及相关产品制造，体育用品及相关产品销售、出租与贸易代理，体育场地设施建设等 11 个大类。从这 11 个方面，为社会提供各种体育产品（货物和服务）和体育相关产品。从改革开放初期"以体为主、开展多种经营"到体育产业实践推动着体育产业统计分类标准的建立，体育的经济价值得到国家层面的高度确认。

---

① 赵雅文，王松，任杰. 论体育作为政治传播载体的功能变迁：1949 年以来我国体育事业发展各阶段体育传播观念的发展 [J]. 新闻大学，2014（6）：32 – 38，31.

体育产业对国民经济有强大辐射和波及作用，可以带动相关产业部门发展。社会主义市场经济下社会化大生产发展的显著标志之一是社会生产各部门之间的联系日益紧密，从而形成一条牢固的产业链。每一新的产业部门的兴起，都会使原有产业链得以延伸，进而带动原有经济部门的发展和新的经济部门的生成，使整个社会经济获得不断发展的生机。体育产业作为一个新兴的产业部门正是有着这样一种延伸产业链，进而带动其他经济部门发展的功能。例如，通过举办大型体育赛事，不仅需要建设大量的体育设施，还需要交通、餐饮、通信等生活服务予以保障。因而除了产生巨额的门票收入，还可以带动举办城市的市政建设、建筑业、餐饮服务业、交通等许多行业的发展。2008 年北京举办第 29 届奥运会，投入 2800 亿元重点用于城市交通、能源基础设施、水资源、城市建设。另外，在产业融合方面，2017 年体育小镇成为体育产业与其他产业融合发展的新热点，以体育＋旅游为例，旅游业将旅游目的地的地方性民间体育健身比赛作为亮点，把当地举办特色体育赛事作为一项盛大的旅游节庆活动，吸引外地游客来旅游。国内建设的体育小镇超过 200 个。

第四节　体育公共服务的供求分析

一、体育公共服务的供给

（一）供给主体

公共产品的供给主体是指提供公共产品者。古典经济学认为，市场失灵使政府天然地成为供给公共产品的唯一主体。而萨缪尔森在提出公共产品经典定义的同时，说明了政府在公共产品供给中也可能存在失灵问题。新制度经济学从交易费用、新公共服务理论从效率角度均分析了公共品供给主体选择的问题。本书认为公共产品供给主体选择应从四个方面综合分析考量：公共产品的类型、政府管理理念、供给成本和技术条件。

首先，从公共产品类型来看，公共程度越高，这类公共品的供给主体就越单一，随着公共品的私人受益性越强，供给主体多元化程度越高。其次，政府管理理念对供给主体有影响。如果政府倾向集权管理，则将会排斥市场主体和社会组织参与公共品供给，挤压着市场主体和社会组织的生存空间，导致这两类主体发育不足。如果政府崇尚民主，在与市场主体和社会组织的关系处理中更倾向于平等，则公共品供给主体呈现多元化态势。再次，供给主体选择中会考虑到不同供给主体所需要的供给成本问题。最后，技术条件是确定供给主体的外部因素。公共品具有非排他性和非竞争性，往往由于排他成本过高，而使潜在的供给主体放弃了。随着技术的进步，使原本的排他成本降低，为多元主体参与供给提供了可能。从当前公共服务供给主体的社会实践来看，主要有政府主体、市场主体和非政府组织，三者可以是独立的供给主体也可以是联合供给主体。在我国政治经济社会转型中，政府仍然是处于主导地位的供给主体。

1. 政府主体

政府作为大众利益的代表，享有公民赋予的公共权力，掌握着体育公共资源，其任务就是在一定的经济社会发展阶段，利用公共权力和体育公共资源满足社会基本的体育公共服务需求。政府还可以以提供公共产品和服务的形式，调控社会群体之间的收入差距，促进社会公平正义，增进公共体育利益，实现社会福利最大化。政府主体因其拥有的公共资源和公共权力的优势，在体育公共服务供给中具有决定性的优势。在新中国成立初期，物质资源极度匮乏，急需利用有限的社会资源来实现中华民族的快速复兴，与高度集中的计划经济体制相适应，全能型政府统御了体育公共服务供给决策、生产和分配的各个环节，我国体育事业获得了快速发展。

虽然自改革开放以来，社会主义市场经济的发展，解制分立，以前由政府及其附属组织垄断供给的体育公共服务开始部分向市场和社会领域开放，激发了市场活力。但是由于制度具有路径依赖和正反馈机制，集权制度依然沿着既定的路径发展演进，而且会不断强化，现行模式的自我强化机制使举国体育体制很难被其他更好方案替代，因而选择了一直贯彻下去。长期以来，政府主体具有强制性的绝对优势地位，而市场和非政府组织发育还不成熟。体育公共服务供给的定向生产和供应压缩了市场和非政府组织的积极性。同时，由于体育公共服务投资的规模大、周期长和风险高，所以，我国政府仍然是体育公共服务的主要供给主体。

2. 市场主体

体育公共服务是具有私人受益性的准公共品，从基本体育公共服务到选择性公共服务，体育公共品的私人受益性增强。从理论上来讲应该采用政府和个体相互协商、共同承担的方式进行供给。但是考虑到体育公共服务的非排他性、非竞争性和外部性，市场机制一直被认为是失灵的。随着社会的发展和研究的深入，"提供"和"生产"相分离，政府体育公共服务供给覆盖率和效率低下，而市场主体供给具有更高的效率和更低的交易成本，从而使市场主体成为政府主体的有力补充。

经济社会快速发展，人们可支配收入的增加，消费重点转移，非食品消费比例增加，开始追求更高品质的生活，消费结构发生明显变化，具体体现在：由生存型消费向发展型消费、享乐型消费转变；由整齐划一雷同型消费向展现个性多样化、多层次化消费转变；由单纯物质消费扩大到精神文化娱乐消费。[①] 在体育领域，当社区基本的体育公共服务设施得到保障后，居民的其他体育公共服务需求日益强烈，在供给与需求的矛盾作用下，市场主体的参与更快、更好地保障了公众体育权力的实现，既重视体育公共服务量的投入，也保障了体育公共服务的质量。[②] 在政府放管服改革的背景下，体育市场进一步放开，引入市场力量参与体育公共服务的供给是解决人们生产生活中不断升级的体育公共品需求与政府单一主体供给错位矛盾的有效方法。市场在其经济人理性的逐利下，提供了多样化、多层次的、差异化的、现阶段政府无力供给的体育公共服务，既实现了市场主体对利润的追求，也满足了居民差异化的体育公共服务需要。在选择市场主体供给体育公共服务时，要考虑到各具体运动项目的市场需求程度、商业价值大小和资产专用性特点，对一些群众基础好、市场需求大、效用具有可分性和私人性较强的体育公共服务产品可通过市场主体提供。

3. 非政府组织主体

我国的体育组织由政府体育组织系统和非政府体育组织系统两个子系统构成。[③] 政府体育组织系统中专门的体育组织由各级政府的体育局组成，属于我国体育管理的主系统，下级体育局接受上级体育局的业务指导，同时接受同级人民政府的领导。政府体育组织中非专门的体育组织主要是指各部委设有的体育事业单位，如在各所属部委领导下的行业体协，负责开展本行业

---

① 张永军. 消费主导型经济中的体育产品需求与供给特征研究 [J]. 广州体育学院学报，2005（1）：10-15.

② 李国冰. 浙江省社会公共体育产品需求与供给要素研究 [J]. 浙江体育科学，2013，35（2）：6-8，13.

③ 孙汉超，秦椿林. 实用体育管理学 [M]. 北京：人民体育出版社，2004.

的体育运动，是中华全国体育总会的团体会员。

非政府体育组织系统主要是由事业类、社会团体类及民间社会体育组织三个子系统构成的。第一类是事业类体育组织，主要是指 1988 年从政府机关分离出来的运动项目管理中心及其管理着的单项运动协会。运动项目管理中心既是政府体育行政机构的直属事业单位，又是各单项运动协会的办事机构，主要职责是接受政府体育行政机关授权，对某运动项目行使管理权。第二类是社会团体类体育组织，主要是在政府指导下建立的在资金、人事等事务上仍旧对政府相关部门有很强依赖性的群众体育组织，主要有中华全国体育总会。其团体会员包括省、自治区、直辖市体育总会，全国性的单项运动协会，全国性的行业、系统体育协会，中国人民解放军的群众体育组织，代表中国参与国际奥林匹克事务的中国奥林匹克委员会，体育科学技术工作者的学术性群体中国体育科学学会，全国社会群团的体育组织、体育俱乐部等，社区体协、街道体协、乡镇体协等体育组织机构也属于这一类。[①] 第三类是民间社会体育组织，指由群众自发组织起来的在一定范围内活动的体育组织，如武术协会等。从非政府体育组织构成看，受我国经济、社会发展和所处的阶段影响，事业类和社团类体育组织的规模和影响力都远超过了民间社会体育组织。

当面对政府和市场的双重失灵，部分群体的体育公共服务需求无法从政府和市场供给中得到满足时，非政府体育组织成为政府主体和市场主体的重要补充。政府、企业和非政府组织是最基本的体育公共服务供给主体，这三大主体在体育公共服务的生产与提供中扮演着不同的角色，具有不同的作用。政府部门为了维持社会公平，维护大众的公共利益，将有限的公共资源投入到大多数的体育公共服务需求之中，但是无法满足部分成员差异化的体育公共服务需求。市场作为供给主体是以收费方式，提供差异化的服务，能够满足个体的差异化需求。随着社会经济的发展，部分原来由个人付费、市场提供的差异性的、选择性的体育公共服务可能纳入政府免费或低收费开放的范围。在政府和市场双重失灵的领域，由非政府体育组织来补充。因此，目前我国体育公共服务供给主体是以政府为主、市场为辅、非政府组织参与的供给系统。

---

① 刘东锋，杨蕾. 我国非政府体育组织的需求与供给 [J]. 成都体育学院学报，2005（6）：31 –34.

（二）供给内容

在群众体育公共服务供给方面，借鉴众多学者的观点，孙晓晓在研究临沂市体育公共服务供给时认为，体育公共服务比较重要的六个方面是：体育设施服务、体育组织服务、体育指导服务、体育活动服务、体育信息服务、体质监测服务。① 苏龙伟在研究居民需求导向的体育公共该服务时认为，体育公共服务供给的内容有：体育设施与器材的提供、体育活动的组织与服务、体育指导服务、信息服务、居民体质监测。② 王占坤在研究浙江省老人体育公共服务需求时认为，体育公共服务的供给结构有：国民体质监测服务、体育活动服务、体育指导服务、体育组织服务、体育场地设施服务、体育信息服务。③ 因而可以将体育公共服务内容归纳为：体育场地设施、体育活动的组织与服务、体育指导服务、体育信息服务、国民体质监测服务。

竞技体育公共服务方面，目前有学者将其分为三类，竞技争光、竞技参与和竞赛表演。在我国政府竞技体育公共服务的范围通常只包含竞技争光和竞技参与，如奥运争光、马拉松赛事、自行车赛事等。竞赛表演是在竞技体育管办分离改革后，逐渐从竞技体育分离出去的，由市场提供，被纳入了体育产业体系。体育产业所提供的选择性体育公共服务中，部分体育公共服务内容是由于我国现阶段经济社会发展水平的限制，暂时没有纳入基本体育公共服务体系，需由个人付费承担，政府给予政策或资金资助低收费或免费供给。这部分内容大部分也涵括在以上群众体育和竞技体育公共服务的内容中，与基本公共服务相比，选择性体育公共服务供给质量更高，供给内容也更丰富。

（三）供给方式

公共产品供给方式是供给主体向消费者提供产品的方式。不同的供给主体由于其资源配置的手段不同，供给体育公共品的方式自然也不同；即使是同一供给主体，考虑到公共产品分类、供给成本和技术可行性也可以采用不

---

① 汪俊. 论推进基本公共体育服务均等化的现实基础 ［J］. 广州体育学院学报，2016，36（3）：7 - 11.

② 苏龙伟. 居民需求导向的体育公共服务供给研究 ［D］. 首都体育学院，2014.

③ 王占坤. 老龄化背景下浙江老年人体育公共服务需求与供给的实证研究 ［J］. 中国体育科技，2013，49（6）：70 - 80.

同的方式来供给。体育公共服务供给方式主要是政府行政手段提供和市场化提供两种。

在文森特·奥斯特罗姆（Vincent Ostrom）、查尔斯·蒂伯特（Charles Tieout）和罗伯特·沃（Robert Warren）提出"提供"与"生产"相分离以前，① 政府是纯体育公共品供给的唯一主体，政府既是公共品的提供者也是生产者，政府本身并不具有生产能力，通过组建自己的生产单位，包括国有企业和事业单位，将体育公共品的生产内包，委托给这些部门进行生产。区分了"提供"与"生产"的概念后，将市场机制引入了体育公共品供给，丰富了体育公共服务供给方式，产生了第二层次的委托代理关系。在第二层次的委托代理关系中，政府不再是公共服务的生产者，而是将生产职能划分出去。政府的职能转变为资金拨付、政策制定和监督管理。由社会组织或企业负责生产体育公共服务。服务生产者可以将自己擅长的生产内容保留下来，再将自己不能有效生产的内容整合打包出去，利用其他社会资源生产。政府可以通过合同承包、政府采购、特许经营等方式将体育公共服务的生产委托给市场企业和社会组织。政府主导的复合多元化体育公共服务供给模式，建立起了政府与市场企业、社会组织之间的竞争与合作机制，提高了体育公共服务供给效率。两级委托代理关系中，奉行谁委托谁监管的原则，政府委托给市场企业和社会组织的生产任务，由政府负责监管；生产者委托给其他第三方社会资源生产的任务，由委托者监管。合理划分政府、市场企业和社会组织在体育公共服务供给中的分工，突破了政府单一供给主体和简单市场化、社会化提供体育公共服务的局限，大大提高体育公共服务供给效率和质量，能有效平衡体育公共服务供给中的效率和公平目标。

二、体育公共服务的需求

全面建设小康社会的努力中，人们的生活越来越富裕，社会的主要矛盾已经转变为人们日益增长的美好生活需要同不平衡不充分发展之间的矛盾。享受经济社会发展的成果的基础保障，就是健康的身体，人们身体健康的需求越来越强烈。人们逐渐转变生病后到医院接受医学治疗的"被动健康"的观念，"主动健康"积极探索维持和改善个人健康的途径。而体育在改善和

---

① 翁翠. 基于委托代理关系的社区卫生服务供给机制研究［D］. 浙江大学，2009.

促进个体健康方面的功效，刚好与人们需求相耦合。人们通过体育运动，可以增强身体机能、预防疾病、并且愉悦自己。社会体育公共服务需求如雨后春笋般蓬勃增长。

人们的需求偏好通过人们的行为选择显现出来。根据《2014 年全民健身活动状况调查报告》，20 岁以上体育消费人群中，购买运动服装的人数百分比最高，为 93.9%，其次是运动器材占 38.8%，体育书刊 9.7%，场租与聘请教练 8.6%，观看比赛 6.6%，其他为 11.1%。从这个消费结构可以看出，2014 年居民体育需求中实物型需求占比最大。近年来国家全民健身战略的实施，居民消费结构升级，根据马斯洛的需求层次理论，人们的需求是有层次的，在人们的基本需求得到满足后，人们需求开始从较低层次的需求向较高层次的需求演进，体育需求同样遵循这样的轨迹。人们体育需求从实物型向参与型、观赏型转变。具体体育锻炼中不仅要普及体育场地设施，而且要求健身场馆环境优美、健身设施设备现代化、体育健身指导科学化、竞技参与来提高身体素质。总体上看，大众的体育消费行为更加理性和成熟，从简单的体验延伸至深度的参与，对健身的专业性与科学性需求逐步增强，人们更加关注品质化、技能化和定制化。并有从运动的身体锻炼向运动的娱乐体验、场景感受、时尚社交等"服务型"体育消费升级。[①] 体育需求目的多元化，将带动体育产业链的延伸与发展，促进体育产业升级。

三、体育公共服务实现供求均衡

需求是指在一定时期，在每一价格水平下，消费者愿意并且有一定支付能力购买的商品数量。需求与人们的购买欲望和购买能力有关，因此需求主要取决于消费者的偏好和消费者的收入水平。一是当人们对某种商品的偏好增加时，该商品的需求量就会增加；相反，消费者对某种商品的偏好程度下降时，该商品的需求量就会减少。二是当消费者的家庭收入水平提高时，就会增加对商品的需求量；当消费者收入水平下降时，就会减少对某种商品的需求量。随着我国经济社会的快速发展，人们的基本生存型需求得到满足后，开始追求更高一层次的享受型需求，向往更加美好生活。体育公共服务作为

---

① 赵建. 体育健身休闲消费需求调查与研究：以广州市居民为样本 ［J］. 当代经济, 2017 (36)：86－89.

美好生活的重要组成部分，在人们收入水平上升后，人们的需求量必然逐步上升。供给是指在社会某一特定时期内，在每一价格水平下生产者愿意并且能够提供的一定数量的商品或劳务。供给的范围和水平取决于社会生产力的发展水平。社会生产力中生产技术水平的提高可以降低生产成本，增加生产者的利润，生产者会提供更多的产量。随着我国社会生产力的发展和科学技术日新月异，政府供给体育公共服务的供给能力增强，供给的范围和内容将逐步扩展。

市场经济中，供给与需求相互联系、相互制约，处于无政府干预状态的产品通过价值或价格变化自发地调节供求关系。产品供过于求时价格就会跌落，供不应求时价格则会上升。供给、价格、价值和需求在互相博弈的过程中维持着产品的供需平衡。但这种平衡只是相对的，绝对的供需平衡只是理论上可能存在的理想状态。现实中，产品的供给与需求之间或多或少存在一些偏差，也就是一定时期内产品表现出的供需矛盾现象。市场中的产品供需矛盾具有客观性和普遍性特点。市场中的供给不可能与大众真实的需求之间完全地无缝匹配，现实中难免出现一些错位。在价格机制的调节下，产品的供给与需求的失衡只是相对于绝对平衡状态下的合理偏差，不会出现长期较大偏离合理范围的供给差异。

体育公共服务需求和供给与市场上一般的商品不同。体育公共服务具有受益上的非排他性和消费上的非竞争性，导致体育公共服务无法完全通过市场价格机制实现有效供给。如果由人们自发集资供应，处于同一受益范围内的部分群体会想：如果自身不出资，由其他家庭或群体出资，就可以无须任何花费而享受其他人出资的好处，那么原本对大家都有利的体育公共服务就无法达到有效供给了。因此，解决体育公共服务中的非排他性和非竞争性，以及由此造成的"搭便车"者不出资行为，需要政府的介入。政府通过强制性的税收政策，用征税的办法将公共品的单位成本分配到受益人，形成受益人的税收份额。然后政府用征收的税来为社会提供体育公共服务，将体育公共服务供给成本内部化，这样就可以实现体育公共服务的有效供给。但这又形成了"政府失灵"问题，即在单一政府供给中，公众的体育公共服务需求偏好，缺乏等同于市场中直接通过商品买卖形成的充分的需求表达机制。因此，在体育公共服务供给中必然暴露出了产品供需矛盾，即指供给与需求的不对等性现象，主要体现为供给市场所提供的产品数量、质量、种类和层次等与需求市场所需的产品结构出现错位的问题。

　　针对政府供给和大众公共品需求信息不对称的契约失灵现象，公共选择学者认为，政府应将其不应该做的和做不好的事交给市场来完成，以公共选择按需供给替代政府优效品。据此，体育公共服务要实现供给与需求的均衡，应该建立政府行政手段，如政府补贴，与市场手段供给联合的供给模式，实现居民体育公共服务需求与供给的有效均衡。

第二章 体育财政支出政策演变及现状

第一节 体育财政支出政策的演变

一、财政重点支持竞技体育发展

我国体育财政支出政策是新中国成立初期财政支出管理政策的一个缩影。1949～1952 年，迅速恢复生产、稳定金融物价，我国实行的是"统收统支的高度集中的财政管理体制"，由中央集中行使财政管理权。全国各地的所有收入集中到中央，各地的支出由中央统一审核逐级拨付，地方的财政收入与地方财政支出不发生直接关系，又称为"收支两条线"管理体制。到 1953 年，我国开始进入大规模的经济建设的第一个五年计划时期，原先高度集中的财政管理体制不利于经济的发展，开始实行保持中央统一领导，下放一定的财权、自主权给地方的"统一领导、分级管理"的财政体制。虽然这一时期，赋予了地方一定的财政自主权，但是地方的预算支配权和管理权很小，地方政府预算支出范围内的支出指标由中央确定，中央仍控制着主要的财权。[①] 与我国财政管理体制相适应，体育事业也实行中央高度集中的统收统支的供给型财政政策，对体育事业实行全额财政拨款，与体育事业相关的所有经费均纳入中央和地方财政计划，政府通过行政性指令来布局、管理和规划体育，制定体育投资方向。

新中国成立前我国的体育基础薄弱，体育事业的开展只能稳步前进，而不能追求快速地提高。[②] 认识到这一点，国家对体育的决策是，从体育发展基

---

① 许梦博. 地方财政学 [M]. 北京：清华大学出版社 ，2015.
② 荣高棠. 为国民体育运动的普及和经常化而奋斗 [J]. 新体育，1952（21）：15.

础薄弱的实际出发，并与我国国情的实际相结合，推行体育运动普及化和经常化的发展方针，体育为加强生产建设与国防建设服务。这一方针强调体育发展要从人们的体质状况的实际和经济发展水平的实际出发，并与当时我国最大的实际——物质资源匮乏，有限的资源向大规模经济建设倾斜相结合。现实中人们羸弱的体质急需通过开展广泛的群众体育活动来恢复和实现更大的发展。1954 年在经中共中央转批中央体委党组的《关于加强人民体育运动工作的报告》中提出"开展群众性的体育运动，使体育运动普及和经常化"的方针。这一时期，我国致力于提高人民体质的统包统管财政支出主要用于群众体育事业的发展，致力于化解人民健康状况与国家经济建设之间的矛盾、低水平竞技体育供给与竞技体育强国需要之间的矛盾。

这一政策一直持续到 1956 年国家体委提出在快速广泛开展群众体育的基础上，从中选出优势项目和优秀选手，在未来两到三年内追赶国际水平。1959 年，周恩来总理的政府报告中正式使用"普及和提高相结合"的方针，标志着竞技体育正式进入体育事业发展的战略选择。

1960 年，中共中央决定对国民经济实行"调整、巩固、充实、提高"的方针。在这一轮经济调整后，如何在资源匮乏的条件下发展体育，成为我国必须作出决断的问题。一方面"大跃进"后群众生活困难，减少了对体育需求，基层群众组织萎缩；同时由于新中国成立初期我国体育发展底子薄，竞技体育水平落后，在积极参与的国际体育赛场上与其他国家选手的较量中连连失利，与国人的期待相差甚远，国家形象和民族自信心受挫，全国各方面快速发展竞技体育的政治诉求与呼声高涨。另一方面，体育决策层对体育与经济的关系有了新的认识，体育事业是属于上层建筑范围的，体育发展的实际必须与现阶段我国发展的经济基础相适应，不论是体育的规模还是体育发展的速度都离不开这个最大的实际。当时，人们生产和生活都需要大量的资源①，国家集中力量开展工业现代化、农业现代化、国防现代化和科技现代化，不能把大量的经费放在体育上。因此，体育的发展必须量力而行，与经济发展水平相适应，不能搞过去那种普及群众性体育的基础上发现、培养优秀运动员，提高运动技术水平的路子，集中财力、人力、物力，抓质量提高。国家体育战略方针由"普及和提高相结合"向"缩短战线、保证以竞技体育

---

① 国家体委. 一九六一年全国体育工作会议纪要［A］. 体育运动文件选编：（1949－1981）［C］. 北京：人民体育出版社，1982：60.

为发展重点"转变，体育工作的重点调整为放在运动训练上。从这一时期起，我国体育事业开始倒向优先发展竞技体育。

虽然"缩短战线、重点保障竞技体育发展"的方针是经济困难时期国家就如何发展体育事业的权宜性过渡性的政策，但是这一政策的惯性一直延续到了如今，此后整个体育事业的发展重心倒向了竞技体育事业。改革开放后，国家财政仍是重点、优先支持竞技体育事业的发展，主要表现在弱化了群众体育、强化了竞技体育的发展，竞技体育由业余化转向专业化。一是优秀运动员培养，坚持优秀运动员训练和青少年业余训练两条腿走路的方针。吸收的运动员，一般应经过青少年业余体校的训练，由20世纪50年代的广泛的群众选拔转变为通过专业的青年业余体校选拔。二是运动员的训练由50年代的"临时集中"转变为"全集中"的脱产式训练。三是竞赛的目的由"推动群众体育发展"向"提高运动技术水平"转变，运动竞赛的项目设置主要围绕重点项目展开，基本与群众体育无缘。60年代后，战略的重点转变使竞技体育取得了快速的发展。计划经济时期的我国体育财政投入如表2-1所示。

表2-1　　　　　　　　1980年以前我国体育事业经费情况　　　　单位：万元

时间	中央	地方	社会
"一五"时期（1953~1957）	3164	6434	0
"二五"时期（1958~1962）	13365	3186	0
"三年"调整时期（1963~1965）	4898	18166	0
"三五"时期（1966~1970）	3838	20061	0
"四五"时期（1971~1975）	5558	58975	0
"五五"时期（1976~1980）	13562	107067	0
合计	44385	213889	0

资料来源：《体育事业统计年鉴》（1994）。

这一时期的财政体育支出主要用于竞技体育的发展。群众体育由统一开展转向分类开展。过去以劳卫制和广播体操为主统一开展，调整为密切结合生产和工作，开展简单易行、小型多样的体育活动。学校体育工作，根据学校的教学质量需要，看情况灵活安排。根据这一制度安排，国家明显弱化了群众体育的发展。

二、发行体育彩票筹集体育事业资金

体育彩票，亦称体育奖券，是伴随着体育运动在西欧的复兴而诞生的。随着比赛的增多，以比赛胜负作对象的赌博活动发展起来，随之彩票活动进入了体育领域。[①] 但当时的体育彩票都是由私人发行的，直到20世纪后才变为由国家政府参与或直接控制，在严格的法律或法规规定下进行，成了一种汇集资金的重要手段。体育彩票是将人们对体育彩票的兴趣与物质利益的追求结合起来，从国民第二次分配中提取一部分资金用于发展社会公益事业的一种补偿性财政投入工具。[②] 我国体育彩票管理规定，体育彩票资金由奖金、发行费用和公益金三部分组成，其中奖金比例不低于50%。体育彩票的公益金主要用于实施全民健身计划和奥运争光计划，公益金由各省、市、自治区体育局设立专门账户统一管理，任何部门、个人都不得随意挪用，并定期向社会公布公益金使用情况，接受公众监督。1994年经国务院批准，允许国家体委发行体育彩票来筹集资金发展体育事业。1994~1999年，体育彩票公益金全部用于体育事业的发展。从2000年开始，财政部门开始履行中国体育彩票的监管职责，彩票公益金收入全部纳入财政专户管理，并要求体育彩票公益金上缴中央财政。[③] 自2001年起，体育彩票公益金开始补充全国社保基金。根据最新的上海体育学院发布的《中国体育彩票公益金使用情况研究报告》计算了体育彩票公益金用于体育事业的情况，见表2-2。从各年国家体育总局决算数据计算出（见表2-3），体育彩票公益金用于国家体育总局本级的发展体育事业的资金占体育事业总资金的比重较大，近年来一直维持在35%左右。根据《中国体育事业统计年鉴》，从全国体育财政支出来看，2013~2016年体育彩票公益金支出占体育财政支出的比重在40%左右，具体情况见表2-4。因此，从国家体育总局本级和全国体育财政支出角度，体育事业的体育彩票公益金占比体育总资金可以看出，体育彩票公益金已成为公共预算体育财政支出的重要补充。

---

① 曹缔训.体育产业经营管理［M］.武汉：湖北科学技术出版社，1994.
② 钟天朗.体育经营管理理论与实务［M］.上海：复旦大学出版社，2004.
③ 张林.中国体育彩票公益金使用情况研究报告：1994-2013［R］.上海体育学院，2015.

表 2 – 2　　　　　　1994～2006 年体育彩票公益金用于体育事业发展情况

年份	资金来源			体育公益金用于体育占比（%）
	体育彩票销量额（万元）	体育彩票筹集公益金（万元）	分配给体育总局使用（万元）	
1994～1995	100000	22542	—	100
1996	120095	28747	7257	25.24
1997	150000	45039	7888	17.51
1998	249902	75952	12371	16.29
1999	403551	121113	14986	12.37
2000	907241	274592	47366	17.25
2001	1493440	447964	39939	8.92
2002	2177313	762370	40000	5.25
2003	2013453	704709	40000	5.68
2004	1542272	540175	42887	7.94
2005	3026557	1007500	48857	4.85
2006	3236292	1059800	60595	5.72

资料来源：《中国体育彩票公益金使用情况研究报告》（1993～2013）。

表 2 – 3　　2007～2016 年用于体育事业的体育彩票公益金占比体育总资金

年份	体育彩票公益金（万元）	公共预算体育财政支出（万元）	合计（体育资金，万元）	彩票公益金占比体育资金（%）
2007	69402	—	223263.94	31.09
2008	157500	—	302679.24	52.04
2009	70000	—	285922.19	24.48
2010	105300	—	293388.74	35.89
2011	143024	—	348860.38	41.00
2012	201048	—	372204.6	54.02
2013	230544	391411.91	621955.91	37.07
2014	224892	421066.72	645958.72	34.82
2015	272730	477938.59	750668.59	36.33
2016	263000	509776.55	772776.55	34.03

注：由于国家体育总局自 2007 年才开始部门预算公开，因此本研究用于体育事业发展的体育彩票公益金占比体育总资金的统计从 2007 年开始，"体育资金"数据来源于各年国家体育总局部门决算；分配给体育总局使用的体育彩票公益金 2007～2013 年的数据来源于体育彩票公益金使用情况研究报告（1994～2013），2014～2016 年的数据来源于国家体育总局体育彩票管理中心官方网站各年国家体育总局本级体育彩票公益金使用情况。

表 2 – 4　　　　　　　　　　　　体育彩票公益金支出占比

年份	体育彩票公益金支出（亿元）	公共预算支出（亿元）	体育财政总支出（亿元）	体育彩票公益金占比（%）
2013	115.68	299	414.68	38.69
2014	131.32	370	501.32	35.49
2015	157.31	356	513.31	44.19
2016	177.83	389	566.83	45.71

资料来源：《中国体育事业统计年鉴》（2014～2017）。

三、尝试协调群众体育与竞技体育同步发展

1979 年国际奥委会批准恢复了中国奥林匹克委员会的合法席位，我国体育开始面向世界，登上国际体坛，国际交往密切。改革开放初期，我国体育的战略重点仍然是竞技体育优先发展。1979 年的全国体育工作会议还特别强调高速发展体育事业达到世界体育高峰。时任中国奥林匹克运动委员会副主席李梦华在 1979 年体工会上还对"高峰"做了解释："'高峰'的理解就是在体育运动的普及和运动技术水平提高两个方面同时勇攀高峰。"[1] 由此可见，体育决策层对体育的要求是共同提高群众体育和竞技体育水平。但是由于群众体育与竞技体育本身的特点和规律是不同的：群众体育规模庞大，短期难以达到成效，而竞技体育中技巧性项目成绩能通过短期集训得到迅速提高。在高速发展的目标下，群众体育最终让位于竞技体育，竞技体育在改革开放初期仍然是体育发展的重点。

那么群众体育如何发展呢？群众体育的发展，是在组织群众体育活动的实际操作中，根据群众体育的需要和可能，积极发动和支持包括集体和个人办体育，组织运动队、办体育比赛，以群众体育的社会化来推进群众体育工作。这一时期体育行政部门将职工体育、学校体育、农民体育等方面的工作从体育行政部门分离出来，委托给了社会各行各业、各部门和群众体育团体。这些行业和部门分别建立自己的体育管理机构，制定体育工作规划、拨出体育经费，承担本行业、部门的群众体育工作。这些单位体育或者职工体育归属于中华体育总会领导。各省体育总会、单项运动协会、行业体育协会等各

---

[1]　李梦华在一九七九年全国体工会上的讲话 ［Z］. 国家体育总局档案馆，1979.

类群众体育社会组织蓬勃发展。例如，职工体育方面。在工厂和企业实行经济责任制的情况下，工人文体活动与其他承包任务一道，被列入承包任务考核范畴。体育活动的经费由科室从企业奖金中抽取活动经费予以资助。因此，改革开放初期，我国体育系统的经费主要是保障竞技体育发展，以社会化的形式将群众体育工作分解给社会各行各业，来协调群众体育与竞技体育的发展。

进入 20 世纪 90 年代，我国体育工作从战略层面上开始尝试重视群众体育发展，体育战略的发展方针为"以青少年为重点，协调以全民健身为重要内容的群众体育和以赛事和竞技训练为重要内容的竞技体育发展"。①至此我国体育发展战略经历了新中国成立初期的重视群众体育，转向侧重发展竞技体育，到向同时重视普及群众体育和提高竞技体育水平转变的趋势。1995 年指导群众体育和竞技体育发展的两大纲要《全民健身计划纲要》和《奥运争光计划纲要》的发布，更进一步迈开了尝试协调两类体育发展的步伐。同年第八届全国人民代表大会常务委员会第十五次会议通过的《中华人民共和国体育法》从法律层面上明确了全体人民的体育权利，群众体育的地位迅速上升。

随着建立社会主义市场经济制度的思想在 20 世纪 90 年代确立，时任国家体委主任的伍绍祖感受到体育事业发展应该与国家整体经济体制改革的趋势相结合，他提出"六化六转变"推动了体育社会化进一步向纵深发展。群众体育改革思路是政府放开行政钳制，打破只有体育行政部门和单位办体育的局面，破除所有限制，充分吸收社会各行各业的集体和个人参与兴办体育，允许他们办体育的目标可以多样化。在这一改革思想指导下，我国体育事业出现了一些新的社会现象：个人和社会共同参与群众体育公共服务供给，出现了个人投资的高尔夫球场和网球场等经营体育项目的实体，还有一些准经营性的、社区性的健身俱乐部。

改革开放初期，尽管国家的体育方针政策都倾向协调"群众性体育运动的普及"和"竞技体育水平提高"的关系，体育决策层也意识到群众体育必须与竞技体育协调发展的问题，但是在体育被赋予展示国家软实力的政治功能和竞技体育强国等同于体育强国的认知下，政策落实中，在"三位一体"

---

① 花勇民，布特，侯宁，肖文升. 体育社会化改革的回顾和反思［J］. 北京体育大学学报，2015，38（12）：1–9.

的竞技体育体系架构下，国家公共财政体育支出仍然重点保障竞技体育事业发展。

四、国家积极扶持体育产业发展

（一）设立体育产业引导资金

2010 年发布的《国务院办公厅关于加快发展体育产业的指导意见》，第一次用文本的形式阐述了体育财税政策工具的运用。国家体育总局 2011 年制定的《体育产业"十二五"规划》进一步提出了设立体育产业引导资金。2014 年《国务院关于加快发展体育产业促进体育消费的若干意见》中多处提及应用财税工具促进体育产业发展。为积极引导体育产业发展，各地竞相出台配套体育产业引导资金。体育产业发展引导资金，通过有选择地扶持某些项目，反映了政府关注和着力发展的体育产业方向，使体育产业相关的社会各方面树立发展体育产业的信心。体育产业引导资金主要来源于体育彩票公益金收入。体育产业资金的引导机理是：发布评审、立项、结项等相关信息，实施评估、监督等措施。体育引导资金运行中的政府监督管理流程，约束了体育企业的可能的不规范行为，为社会资金投资者降低了事前的信息搜集和投资后的监督成本，为投资企业和社会资金提供了双向的信用支撑，增强了投资者的投资信心。体育产业资金引导项目完成后，引入第三方评价机构对项目进行评估，建立责任追究制度，倒逼政府官员、企业责任人在项目实施中认真务实履责。通过这一系列的举措，吸引社会资金投向地区体育产业发展中具有战略价值的环节和薄弱环节。

（二）以税收优惠"放水养鱼"搞活体育产业市场

为了促进体育产业的发展，我国制定了一系列的税收优惠政策，主要体现在以下几个方面：一是促进体育产业创新发展的税收优惠政策。充分考虑体育产业特点，将体育用品制造、体育服务业等内容及其支撑技术纳入国家重点支持的高新技术领域，对经认定为高新技术的体育企业，减按 15% 的税率征收企业所得税。[1] 从体育用品公司探路者 2017 年的企业年报可以看到，探路者于 2015 年 11 月通过高新技术企业资格复审，获得高新

---

[1]　施文泼. 税收重在扶持公益性体育事业 [N]. 中国税务报，2016 – 08 – 10（B01）.

技术企业证书，有效期三年，其在 2015～2017 年连续 3 年享受高新技术企业所得税优惠，按 15% 的税率缴纳企业所得税。企业研发费用方面，未形成无形资产计入当期收益，按照研发费用的 50% 加计扣除；形成无形资产的，按照无形资产成本的 150% 摊销。企业所得税方面，另外符合小微企业条件的，减按 20% 的税率缴纳企业所得税。例如，探路者的子公司——守望绿途在 2015 年、2016 年，符合小微企业条件，其所得减按 50% 计入应纳税所得额，按 20% 的税率缴纳企业所得税。二是对企业和非营利性组织从事体育公益事业的税收优惠。企业发生的符合条件的公益性捐赠支出，在其年度利润的 12% 以内的部分，可以在计算应纳税所得额时予以扣除；对符合条件的、供给体育公共服务的非营利组织，其接受的捐赠等符合条件的收入可以免征企业所得税。三是针对体育场馆的税收优惠。根据财政部、国家税务总局颁布的《关于体育场馆房产税和城镇土地使用税政策的通知》第三条规定，自 2016 年 1 月 1 日起，企业拥有并运营的大型体育场馆，其用于体育活动的房产、土地，减半征收房产税和城镇土地使用税。四是企业广告费支出的税收优惠。企业发生的符合条件的广告费支出，符合税法规定的可在税前扣除。①

在体育事业方面发生的支出，我国的体育税收优惠政策运用更加成熟。主要有增值税、关税、个人所得税、房产税、城镇土地使用税和车船税。一是增值税税收优惠。国家体育运动委员会（国家体育总局）所属的国家专业体育运动队进口的（包括国际体育组织赠送和国外厂商赞助的）特需体育器材和特种比赛专用服装免征增值税和关税；体育彩票发行收入不征收增值税。二是个人所得税税收优惠。省级人民政府、国务院部委和中国人民解放军以上单位，以及我国组织、国际组织颁发的体育奖金，免征个人所得税；个人购买体育彩票，一次中奖收入不超过 1 万元的，免征个人所得税。三是房产税、土地使用税税收优惠。对国家机关、人民团体、军队以及由国家财政部门拨款经费的体育事业单位自用的房产和土地，免征房产税和城镇土地使用税。四是对体育事业单位自用的车船，免征车船使用税。另外，对我国境内举办的大型国际和国内体育赛会，如奥运会、亚运会、大学生冬运会等分别、单独制定了针对赛事相关的各类税收优惠政策。

---

① 梁影. 多项税收政策力推体育产业快速增长［N］. 中国税务报，2014－10－31（B07）.

（三）鼓励体育产业融合其他相关产业可持续发展

根据第三方专业机构对 2016 年 1 月至 4 月举办的 311 场各类大型体育赛事的监测数据显示，观赛和参赛人数共计 338 万人，由赛事产生的旅游、交通、住宿、餐饮等关联消费达 119 亿元，对举办地的经济拉动超过 300 亿元。[①] 2015 年经国际奥委会投票选举，我国获得了第 24 届北京—张家口冬季奥运会主办权。数据显示，2014 年张家口市共接待游客 3318 万人次，旅游收入达 237.6 亿元，同比分别增长 20.33% 和 28.46%；2016 年，全市共接待游客 5193.77 万人次，同比增长 34.95%，实现收入 519.24 亿元，同比增长 45.65%。2017 年，全市接待游客数量为 6259.82 万人次，同比增长 20.53%，实现收入 696.46 亿元，同比增长 34.13%。[②] 由此可见，冬奥会的申办成功对张家口旅游业产生了积极带动作用。这种体育产业与旅游产业联动产生的巨大社会效益和经济效益促成了国家体育总局与国家旅游局两部门的携手。2016 年 5 月起，双方就体育产业与旅游产业融合出台了《关于推进体育旅游融合发展的合作协议》《关于大力发展体育旅游的指导意见》，紧接着国家体育总局就发布了《关于推动运动休闲特色小镇建设工作的通知》。目前体育消费结构升级暴露出我国体育产业结构不合理，其中传统体育用品制造与销售占比较大，高质量的体育赛事与 IP 不足。通过体育产业与健康产业、旅游产业等产业的融合，能够扩大体育的有效供给，减少无效的和低端的产品供给，提高体育产业的全要素生产率，优化体育资源配置，满足市场和人民群众的多元化的体育需求，促进体育产业健康与可持续发展。

第二节　我国体育财政支出规模与结构分析

一、我国体育财政支出绝对规模

从财政部全国决算来看，我国体育财政一般公共预算支出绝对量在不断

---

① 陈汉辞. 三年投资 2000 亿元　一哄而上的体育小镇 ［N］. 第一财经日报，2017 - 12 - 15（A01）.

② 李超，吴志敏，付贵阳. 大型体育赛事对河北省城市形象影响研究 ［J］. 广州体育学院学报，2019（2）：68 - 70，128.

增长。从 1998～2017 年，我国体育财政支出增长了近 12 倍。1998 年我国体育财政总支出为 38.7 亿元。进入 2000 年后，我国体育财政支出开始迅猛增长，当年我国体育财政支出增长率达到 20.87%。从 2000～2008 年，体育财政支出从 47.6 亿元，增长到 205.29 亿元。其中 2002 年增长率达到 45.84%，2007 年达到 33.3%，这是因为 2000 年国家开始申办北京奥运会，2001 年正式申奥成功。奥运周期年从 2000～2002 年体育财政支出增长率为 20.87%、27.67%、45.84% 一路飙升，达到历史最高。经历了 3 年的高速增长后，2003 年我国体育财政支出达到 99.84 亿元。虽然 2003 年体育财政支出增长率开始回落，但是体育财政支出总量仍然在不断上升，到 2006 年达到 132.81 亿元。进入 2007 年后，为筹备 2008 年北京第 29 届奥运会，我国体育财政支出增长率达到第二个高峰为 33.3%。2008 年财政支出为 205.29 亿元。紧接着，体育财政支出增长率又复制了申奥成功后三年的规律，开始回落。直到 2012 年国家以行政文件的形式将体育纳入国家基本公共服务体系，体育财政支出增长率开始上升，在 2014 年达到高峰，具体见表 2-5 和图 2-1。

表 2-5 　　　　1998～2017 年我国一般公共预算财政体育支出情况

时间	体育公共财政支出（亿元）	增长率（%）
1998	38.70	
1999	39.38	1.76
2000	47.60	20.87
2001	60.77	27.67
2002	88.63	45.84
2003	99.84	12.65
2004	113.53	13.71
2005	121.15	6.71
2006	132.81	9.62
2007	177.03	33.30
2008	205.29	15.96
2009	238.26	16.06
2010	254.17	6.68
2011	266.35	4.79
2012	272.49	2.31
2013	299.08	9.76

续表

时间	体育公共财政支出（亿元）	增长率（%）
2014	370.75	23.96
2015	356.48	−3.85
2016	389.48	9.26
2017	474.85	21.92

资料来源：1998～2007 年数据来源于李丽，杨小龙：《我国体育事业公共收入研究》；2008～2017 年数据来自中华人民共和国财政部官方网站全国公共财政支出决算表。

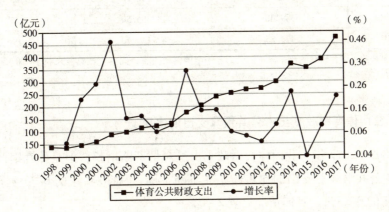

图 2-1　1998～2017 年我国一般公共预算财政体育支出趋势

二、我国体育财政支出的相对规模

（一）体育财政支出占 GDP 的比重

近 10 年间，我国体育财政支出绝对量一直持续增加，但从体育财政支出占 GDP 比重来看，我国体育财政支出占比国内生产总值一直保持在 0.06% 左右，见表 2-6。从这一结果可以看出，作为人力资本投资的重要内容之一，体育财政支出占国内生产总值比重较低，体育财政支出提升空间巨大。

表 2-6　　　2007～2017 年体育财政支出占国内生产总值比重

年份	体育财政支出（亿元）	国内生产总值（亿元）	占比（%）
2007	177.03	270232.30	0.07
2008	205.29	319515.50	0.06
2009	238.26	349081.40	0.07

续表

年份	体育财政支出（亿元）	国内生产总值（亿元）	占比（%）
2010	254.17	413030.30	0.06
2011	266.35	489300.60	0.05
2012	272.49	540367.40	0.05
2013	299.08	595244.40	0.05
2014	370.75	643974.00	0.06
2015	356.48	689052.10	0.05
2016	389.48	743585.50	0.05
2017	474.85	827121.70	0.06

资料来源：体育财政支出来源于财政部各年全国财政决算，国内生产总值来源于 2007～2017 年《中国统计年鉴》。

（二）体育财政支出占公共预算支出的比重

2008～2017 年，我国体育财政支出绝对量不断增长，但是体育财政支出占全国公共财政总支出的比重却是在不断下降，从 2008 年的 0.33% 下降到 2017 年的 0.23%，具体情况见表 2-7。

表 2-7　　　　　　体育财政支出占比政府一般公共预算支出

年份	体育公共财政支出（亿元）	体育支出占比财政总支出（%）
2008	205.29	0.33
2009	238.26	0.31
2010	254.17	0.28
2011	266.35	0.24
2012	272.49	0.22
2013	299.08	0.21
2014	370.75	0.24
2015	356.48	0.20
2016	389.48	0.21
2017	474.85	0.23

资料来源：财政部官方网站。

据研究表明，在人们生活水平达到小康阶段后，吃、穿需求比例下降，但教育、医疗、文化和体育等社会公共服务需求弹性高达 1.6，这表明教育、医疗、文化和体育等社会公共服务的需求随着收入水平的增加会急剧增加。根据发达国家的经验，一般来说，要满足基本的体育公共服务需求，体育公共财政支出应占政府公共财政支出的1%。① 我国体育公共服务的财政支出占比现状表明，体育财政投入与发达国家相比还有很大差距，应根据经济发展的情况，适当提高体育财政支出。

三、我国体育财政分类支出结构

根据政府体育部门的职能分类，将体育公共服务分为群众体育、竞技体育和体育产业三大类，但是因为体育产业统计工作处于起步阶段，还没有形成规范的统计，因此在体育公共服务分类支出结构中仅分析群众体育与竞技体育财政支出。因2008年以后我国体育事业经费支出中才有专门的"群众体育"科目，本书只分析2008~2016年群众体育与竞技体育财政支出结构。一般公共预算体育事业经费支出中与竞技体育的相关支出科目为体育竞赛费、体育训练费和体育场馆费，因此将这三项的"和"作为竞技体育财政支出。2013年因事业单位会计制度改革，政府性基金单列，因此以2013年为界，2008~2012年体育彩票公益金场馆支出主要用于竞技体育，见表2-8。2013年及以后年份体育彩票公益金体育设施支出主要用于全民健身体育场地设施及其维护和运行，2013年及以后年份群众体育支出开始有较大提升。因此政府体育财政总支出以2013年为界，2013~2016年的支出数据为一般公共

表2-8　　　　　　2008~2012年群众体育与竞技体育支出情况

年份	群众体育支出（万元）	竞技体育支出（万元）	群众体育支出占比（%）	竞技体育支出占比（%）
2008	691053.00	908408.50	43.20	56.80
2009	211944.40	995093.00	17.60	82.40
2010	223684.80	1045196.20	17.60	82.40
2011	266174.10	1241431.90	17.70	82.30
2012	325537.60	1261402.70	20.50	79.50

资料来源：2009~2013年《中国体育事业统计年鉴》。

---

① 于晨. 2007年上海市体育社会科学研究成果报告［M］. 上海：上海大学出版社，2008.

预算支出与政府性基金支出相加的和，见表 2 - 9。从一般公共预算体育财政支出结构来看（见表 2 - 10），竞技体育支出占一般公共预算支出的比重在82%以上，群众体育支出近年维持在 17%左右。

表 2 - 9　　　　　　　2013～2016 年群众体育支出与竞技体育支出情况

年份	群众体育支出 （万元）	竞技体育支出 （万元）	群众体育支出 占比（%）	竞技体育支出 占比（%）
2013	195416. 19	1258161. 13	37. 70	62. 30
2014	210279. 79	1398616. 99	38. 60	61. 40
2015	251384. 49	1381474. 07	42. 20	57. 80
2016	290672. 28	1697576. 83	39. 30	60. 70

资料来源：2014～2017 年《中国体育事业统计年鉴》。

表 2 - 10　　　　　2010～2017 年公共预算群众体育支出和竞技体育支出

年份	体育竞赛 （亿元）	体育训练 （亿元）	体育场馆 （亿元）	群众体育 （%）	群众体育 占比（%）	竞技体育 占比（%）
2010	27. 61	24. 23	67. 96	21. 31	15. 10	84. 90
2011	41. 18	27. 7	67. 58	22. 39	14. 10	85. 90
2012	24. 56	32. 71	80. 64	25. 11	15. 40	84. 60
2013	26. 52	34. 73	89. 68	27. 65	15. 48	84. 52
2014	25. 91	39. 1	136. 97	29. 04	12. 57	87. 43
2015	25. 3	39. 97	109. 85	36. 44	17. 22	82. 78
2016	23. 67	45. 24	119. 50	40. 51	17. 70	82. 30
2017	31. 91	48. 63	132. 58	44. 16	17. 16	82. 84

资料来源：财政部官方网站。

由表 2 - 8 可以看出，体育事业经费受奥运周期的影响比较明显，2008年群众体育支出经费达到 69. 1 亿元，是 2009 年的 3 倍。主要是因为北京奥运会的东道主效应促进了各级政府对群众体育活动的重视，在全国范围掀起了群众体育的热潮。2008 群众体育经费占体育事业经费比重达到近 10 年最高，为43. 20%，2009～2011 年，这一比重一直维持在的 17. 6%左右。进入2012 年，受伦敦奥运会周期的影响，群众体育经费也出现了小幅的增长，达到 20. 50%。2008～2012 年，财政部支出口径的群众体育占比与《中国体育事业统计年鉴》支出口径的群众体育支出占比基本保持一致，竞技体育支出远高于群众体育支出。2013 年及以后，因体育彩票公益金支出方向调整，体育设施支出主要用于全民健身场地设施建设，群众体育支出开始出现大幅度上升，2013~2016 年，群众体育支出占体育财政支出的均值为 39.3%，竞技体育支出相对下降但也在 60% 以上（见表 2-9）。对比一般公共预算支出和全口径体育财政支出，可以看出体育彩票公益金支出是我国群众体育支出的重要来源。总体来看，体育财政支出分类支出结构中，群众体育比例上升，竞技体育支出比例下降，表明近年来国家对群众体育（全民健身）的重视。

四、我国体育财政城乡支出结构

因为没有专门的城镇和乡村体育财政支出的统计数据，所以城乡体育支出结构用"物化"的城乡体育场地分布来分析。体育场地是体育锻炼的最基本的需求。由于我国长期以来的城乡二元体制，体育财政支出重点保障的是城市体育事业的发展，农村体育财政投入较少，城乡之间体育差异主要是在体育场地数量、体育场地面积和体育场地类型。根据 2003 年第 5 次全国体育普查数据显示，城镇体育场地为 74.62 万个，乡村体育场地为 6.65 万个，城镇体育场地数量占比 91.82%，乡村占比仅为 8.18%，城乡体育场地数量差异显著。

近年来国家体育总局通过体育彩票公益金安排支出，实施雪炭工程、农民健身工程等加大农村体育投入。雪炭工程是国家体育总局利用本级体育彩票公益金，援助老少边穷地区，建设经济实用的公共体育场地设施的一项工程，每年安排 5000 万元，其中 3000 万元来自体育彩票公益金全民健身计划的支出，2000 万元来自体育彩票公益金奥运争光计划的支出；农民体育健身工程是加快新时期农村体育事业的发展、增强广大农民体质、丰富农民文化生活，落实《中共中央国务院关于推进社会主义新农村建设的若干意见》的重要政策安排。政策实行后我国体育场地建设逐步向农村倾斜。从表 2-11 可见，2008~2013 年我国新建的体育场地中，有 4616 个建在农村，占我国新建总数 6593 个体育场地的 70.01%。农村体育场地数量增长显著。这一点在 2014 年底发布的第六次全国体育场地普查数据公报中进一步得到了印证，见表 2-12。从 2013 年的数据看，在国家体育场地建设向农村地区倾斜后，城乡体育场地的结构已经发生了显著的变化，城乡之间的体育场地总数之间的差异性正在逐步缩小。

表 2 − 11　　　　　　　　2008 ~ 2012 年我国乡村体育场地数量情况　　　　　　　单位：个

年份	新建体育场地总数	乡村				
		小计	乡镇	村庄	农村学校	农村其他场所
2008	1106	698	40	10	648	
2009	1416	977	17	6	954	
2010	1622	1304	106	1072	121	5
2011	1197	798	212	495	46	45
2012	1252	839	269	483	29	58
合计	6593	4616	644	2066	1798	108

资料来源：李丽，杨小龙．公共财政视角下我国公共体育场地建设研究［J］．武汉体育学院学报，2015，49（3）：18 − 23．

注：由于 2013 年及以后年份《体育事业统计年鉴》统计口径发生变化，本书只提取了 2008 ~ 2012 年 5 年的数据作说明。

表 2 − 12　　　　　　2003 年与 2013 年全国体育场地城乡分布数量比较一览

场地类型	2003 年			2013 年			2003/2013	
	数量（万个）	占比（%）	排序	数量（万个）	占比（%）	排序	增量（万个）	排序
城镇场地	74.62	91.82	1	96.27	58.62	1	21.65	2
乡村场地	6.65	8.18	2	67.97	41.38	2	61.32	1
合计	81.27	100		164.24	100		82.97	

资料来源：全国第 5 次体育场地普查数据公报，全国第 6 次体育场地普查数据公报。

根据最新的第六次全国体育场地普查数据公报，见表 2 − 13。截至 2013 年 12 月 31 日，全国体育场地中，分布在城镇的体育场地数量是 96.27 万个，占 58.62%；场地面积为 13.37 亿平方米，占 68.61%，每万人拥有体育场地 13.2 个，人均体育场地面积为 1.8 平方米。其中，室内体育场地 12.87 万个，场地面积 0.54 亿平方米；室外体育场地 83.40 万个，场地面积 12.83 亿平方米。分布在乡村的体育场地数量是 67.97 万个，占 41.38%，场地面积为 6.12 亿平方米，占 31.39%，每万人拥有体育场地 10.8 个，人均体育场地面积为 0.97 平方米。其中，室内体育场地 2.73 万个，场地面积 0.05 亿平方米；室外体育场地 65.24 万个，场地面积 6.07 亿平方米。城镇体育场地在面积上远超乡村体育场地，是在乡村体育的 2 倍多，其中城镇室外体育场地面积是乡村体育场地面积的 2 倍，室内体育场地面积城镇是乡村的 10 倍左右。对 2013 年城乡体育差异进行卡方检验，犯错概率 P < 0.01，说明城乡体育场

地之间呈现非常显著的差异。与 2003 年相比，近 10 年我国体育场地的城乡之间的差异在缩小，① 但是城乡体育场地之间的失衡状态没有发生根本性改变。

表 2 – 13　　　　　　　　2013 年体育场地城乡分布情况

室内外体育场地	城镇体育场地		乡村体育场地	
	数量 （万个）	场地面积 （亿平方米）	数量 （万个）	场地面积 （亿平方米）
合计	96.27	13.37	67.97	6.12
室内体育场地	12.87	0.54	2.73	0.05
室外体育场地	83.40	12.83	65.24	6.07

资料来源：全国第六次体育场地普查数据公报。

五、我国体育财政地区支出结构

地区体育财政支出与本地的经济发展程度直接相关。大部分研究根据我国三大经济带将 31 个省份划为东、中、西部三大区域，但是由于黑龙江、辽宁、吉林省组成的东北地区表现出与其他省份不同的经济特征，而将这三省单列为东北区。因此，在分析体育地区支出结构时，也将全国分为四大区域。东部地区包含 10 个省份：北京、天津、河北、上海、江苏、浙江、福建、山东、广东和海南；西部地区包含 12 个省份：内蒙古、广西、重庆、四川、贵州、云南、西藏、陕西、甘肃、青海、宁夏和新疆；中部地区包含 6 个省份：山西、安徽、江西、河南、湖北和湖南。为了便于准确地比较，因此采用人均体育财政支出来分析各地区体育财政支出变化的趋势，见表 2 – 14 和图 2 – 2。

表 2 – 14　　　2008 ~ 2016 年分地区人均体育事业财政支出情况　　　单位：元

年份	东部地区	中部地区	西部地区	东北地区	全国省均
2008	44.62	11.67	12.18	17.39	23.05
2009	39.86	13.09	20.41	21.76	25.40
2010	42.08	15.81	24.26	21.95	28.15

① 李国，孙庆祝. 新世纪以来我国体育场地发展变化的实证研究：基于第 5 次与第 6 次全国体育场地普查数据的统计分析 [J]. 西安体育学院学报，2016，33（2）：164 – 171.

续表

年份	东部地区	中部地区	西部地区	东北地区	全国省均
2011	50.69	16.74	28.12	30.53	33.43
2012	55.68	18.46	33.90	32.13	37.77
2013	64.75	23.51	38.29	35.33	43.68
2014	64.10	24.96	58.42	38.65	51.87
2015	66.07	26.92	58.51	46.26	53.65
2016	89.62	28.70	65.31	46.36	64.23
均值	57.50	19.98	37.71	32.26	40.14

资料来源：根据《体育事业统计年鉴》整理所得。

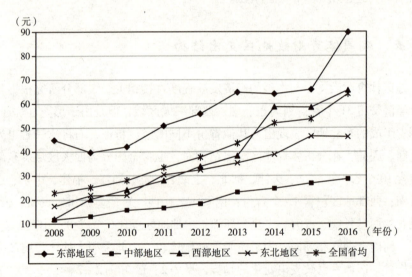

图 2-2　2008～2016 年分地区区人均体育事业财政支出趋势

从图 2-2 可以看出，我国体育财政支出的总的规律是：全国四个区域的人均体育财政支出，从总量上看均呈上升增长趋势，东部地区的人均体育财政支出最高，在全国平均水平以上，且远高于全国平均水平；西部地区、东北地区和中部地区的人均体育财政支出均在全国平均水平以下，即这些地区均未达到全国平均水平。2008～2016 年省均体育财政支出从高到低的依此排序是：东部地区＞西部地区＞东北地区＞中部地区，中部地区人均体育财政支出出现了中部塌陷的现象。这是由于各个地区的体育财政支出大部分由地方政府来承担，东部地区由于经济比较发达，财力雄厚，同时也由于作为改革开放的前沿城市，市场经济氛围浓厚，体育经济的因素也相对其他地区较活跃。活跃体育经济使地区政府有足够财力来有效贯彻国家体育政策，支持体育事业的发展，从而表现出政府体育财政支出较多。西部地区由于政府的扶持，也远高于中部地区人均体育财政支出，在2014年开始高于全国平均水平。

第三章　体育财政支出促进体育
发展的实证分析

第一节　数据来源与处理

一、体育发展评价指标选取与处理

当前关于体育发展水平还没有建立起权威统计指标，因此，本书将从体育公共服务功能的角度，结合已有文献研究中的指标选取经验，从现有的有关体育发展的统计指标中选取。体育最主要的职能是强身健体和奥运争光。一方面，政府为人们提供全民健身的群众体育公共服务，有利于增强人们体质，丰富人们的业余文化生活。另一方面，竞技体育运动员在国际赛场上的表现，表面上是竞技体育成绩，实质上是一国政治经济文化等全方面软实力的较量，具有重要的战略价值。因此，要从这两个方面来进行挖掘。第一，坚持指标选取的科学性和代表性。健身健体的体育功能，主要目的是提升国民体质，在指标选取时，围绕提升国民体质这一主题。奥运争光的体育功能，主要目的是展示国家竞技体育所代表的国家文化软实力和战略价值，在指标选取时，围绕竞技体育成绩和运动员水平来衡量，如世界冠军个数和优秀运动员人数。第二，数据的可获得性。21 世纪以来，我国在 31 个省份共开展了四次国民体质监测工作，2000 年第一次国民体质监测，2005 年第二次国民体质监测工作，2010 年第三次国民体质监测，2014 年第四次国民体质监测，只有四年有国民体质指标数据。因此本书将选取国家体育职能部门为促进国民体质健康提升而取得的一些成绩指标，来衡量国民体质工作，这些指标是国家政策文件中经常提及的，包括人均体育场地面积、社会体育指导员人数、国民体质监测情况以及社会体育团体组织数。第三，数据的共有性。根据

《中国体育事业统计年鉴》中统计的国民体质监测情况，2012 年及以前各省份国民体质监测统计了各省份各年度国民体质监测受测试人数，国民体质监测达标人数及达标率，但是 2013 年以后国民体质监测情况仅公布了年度接受国民体质测试人数，没有国民体质达标人数和达标率指标。因此，本书在国民体质监测指标选取上选取了年度接受国民体质监测人数。综合以上分析，本书选取了以下 6 个指标来衡量体育发展水平：

1. 接受国民体质测试人数

随着形势发展变化和群众健身需求，为全面了解和掌握我国国民体质情况和规律，动态监控健康中国建设进程，并且为提高科学健身指导和体育公共服务供给决策提供政策依据，最终不断提高全民身体健康水平，国家各级体育行政部门开展了国民体质监测工作。考虑到在横向比较各省份国民体质监测人数绝对数时，由于人口基数不同，直接用绝对数对比不科学，因此，采用每万人接受国民体质监测人数来衡量。

2. 体育场地面积

体育场地面积，因为国家体育场地普查时间没有固定周期，最近的两次国家体育场地普查工作分别是在 2003 年和 2013 年，所以没有各年连续统一的数据。但是体育场地建设实践中，国家通过援建和命名两种方式来推动群众体育场地的建设。因此，体育场地面积采用"政府命名的群众体育场地面积"和"政府援建的体育场地面积"的"和"，作为"体育场地面积"指标的数据来源。

3. 社会体育指导员人数

根据国家体育总局发布的《社会体育指导员管理办法》要求社会体育指导员每年要进行注册，注册要求是每年从事一定时间的体育指导工作，即代表注册的社会体育指导员是活跃在社会体育指导活动中的人员。因此，本研究选取的社会体育指导员人数是指每年注册的社会体育指导员人数。

4. 社会体育组织数

体育活动组织是政府相关部门开展体育活动和体育赛事的组织依托，社会体育组织数量能在一定程度上反映了政府体育活动组织和体育赛事活动开展情况。

5. 优秀运动员人数

各省份的优秀运动员人数代表了各省份的竞技体育实力，反映了各省份竞技体育后备人才培养情况，他们是未来竞技体育赛场上的世界冠军。

6. 世界冠军数

竞技体育发展的最高目标是奥运争光，即能在以奥运会为代表的国际赛事中取得优异的成绩，因此以各省份在国际赛事中获得世界冠军奖牌数衡量各省份的竞技体育世界赛事成绩。

二、解释变量和控制变量的选取

作为本书的研究对象，体育财政支出是投入的首选指标。体育财政支出在促进人们健康水平提升和提高竞技体育水平时，还需要其他体育投入，主要是指体育系统的相关从业人员、经济发展水平和人口情况。

1. 各省份人均体育财政支出

我国体育财政支出主要来源有一般公共预算支出和体育彩票公益金支出，各省份人均体育财政支出为公共预算支出和体育彩票公益金支出的和。

2. 体育系统从业人员数

该指标取自《中国体育事业统计年鉴》中体育系统从业人员数，代表政府提供体育公共服务中投入的人力。

同时在分析各省份体育财政支出促进体育发展时，还需要考虑各省份的经济发展水平和人口密度的影响。在分析体育财政支出对体育发展的影响时，以经济发展水平和人口密度作为控制变量。

3. 经济发展水平

各省份的经济发展水平用各省份当年国内生产总值除以各省份年末常住人口数来表示。

4. 人口密度

人口密度以各省份年末常住人口除以各省份国土面积来计算。

前面考虑数据的科学性、代表性及可获得性等方面选取了 6 个指标，这6 个指标能够在各个侧面反映我国体育事业成绩，但是本书要分析的是体育财政支出对我国整体的体育事业发展的作用，需要将这六个方面的体育发展成就整合为唯一的总体指标来衡量我国 31 个省份体育事业的发展情况。因此，本书将这六个指标拟合成一个能够全面反映我国体育事业发展状况的综合指标——体育发展水平指数。然后以体育发展水平指数为被解释变量，体育财政支出、体育系统从业人数为解释变量，经济发展水平和人口密度为控制变量，分析我国体育财政支出对体育发展的作用。

第二节　体育发展水平指数的构建

一、体育发展水平的指标标准化处理

衡量一个物理量包含两个组成部分，一是物理量数值大小，一是物理量的单位，数值和单位合在一起称为有量纲量。例如，本书中的体育场地面积是 300 平方米/万人，体育场地面积的计量与所选用的单位有关。在构建体育发展水平指数时，六个指标的计量单位不同、数量级相差较大，要将这六个指标合成为一个综合指标指数时，不能简单地将六个指标的数值进行直接加总，如体育场地面积单位为平方米，国民体质监测受测试的单位为人数。为了消除量纲对体育发展相关的 6 个指标合成的影响，需要对这 6 个指标进行无量纲化处理。

在目前已有文献中，数据无量纲化处理有三种方法，极差法、标准化法和均值法。采用极差法进行无量纲化处理时，

$$y_{ij} = \frac{x_{ij} - \min\limits_{l \leqslant i \leqslant n}\{x_{ij}\}}{\max\limits_{l \leqslant i \leqslant n}\{x_{ij}\} \min\limits_{l \leqslant i \leqslant n}\{x_{ij}\}} \tag{3-1}$$

式中，X_{ij} 表示第 i 个单位的第 j 个指标值，Y_{ij} 表示第 i 个单位的第 j 个指标值经过无量纲化处理后的指标值。指标 X_{ij} 的权重与 X_{ij} 的最大值和最小值的差有关，但差值过大就会提高 X_{ij} 指标的权重，差值过小时会降低指标 X_{ij} 的权重，所以在多指标综合评价中不能采用极差法无量纲化。

无量纲化最常用的是标准化法：

$$y_{ij} = \frac{x_{ij} - x_j}{\sigma_j} \tag{3-2}$$

根据式（3-2），经过标准化后消除了量纲和数量级的影响，但是同时也消除了变异程度的信息。而经过均值法进行无量纲化处理各指标数据组成的协方差矩阵，能保留原始数据中各指标变异程度的信息。因此，本书也采用均值法对各指标数据进行无量纲化处理，进而构建体育发展水平指数：

$$Y_{ij} = X_{ij} / \bar{X}_{ij} \tag{3-3}$$

式中，Y_{ij} 表示均值化后的数据，X_{ij} 表示均值化前的数据，$\bar{X}_{ij}$ 表示原始数据的均值。

本书采用的是 2008～2016 年 31 个省份的面板数据，为了保持数据的可比性，在对数据进行均值化无量纲化处理时，为保证数据的可比性，因此均值的选取很重要。例如，在比较体育场地面积时，2008 年的北京市的体育场地面积是 882 平方米/万人和 2010 年天津市的体育场地面积是 2932 平方米/万人。在进行数据无量纲化处理后 2008 年北京市每万人拥有的体育场地面积同样与 2010 年天津市的每万人拥有的体育场地面积是可比的。这样的比较同样适用于其他五个独立的体育发展指标和拟合出来的综合体育发展水平指标。因此，在各独立指标标准化需要计算的是 2008～2016 年 31 个省份各指标的均值。例如，体育场地面积的均值是 2008～2016 年全国 31 个省份的每万人拥有的体育场地面积指标的所有 31 × 9 个数据的均值。以体育场地面积均值的计算方式，分别计算国民体质监测人数、社会体育指导员人数、社会体育组织数、体育场地面积、优秀运动员人数和世界冠军数的均值，结果如表 3 – 1 所示。

表 3 – 1 　　　　　　　　　　2008～2016 年体育发展评价指标均值

各产出指标	均值	单位
国民体质测试人数	31.9927	人/每万人
体育场地设施面积	628.3102	平方米/每万人
社会体育指导员人数	2.1081	人/每万人
优秀运动员人数	0.2355	人/每万人
社会体育组织数	0.2465	个/每万人
世界冠军个数	7.3978	个

二、体育发展水平评价指标权重确定

在综合评价法运用的实践中，有多种评价法。根据确定权重方式的不同，有主观评价法和客观评价法。主观评价法在一定程度上依赖于人的主观判断，因此本书采用客观评价法中的变异系数法。变异系数法直接利用已有指标中的信息，通过计算得到权重，评价的基本原理是某一个指标的取值差异越大，也就是越难实现的指标，这样的指标更能反映决策单元之间的差距。计算公式：

$$V_i = \frac{\sigma_i}{\overline{x}_i}(i = 1, 2, \cdots, n) \qquad (3-4)$$

式中，V_i 是第 i 项指标的变异系数，也称为标准差系数；σ_i 是第 i 项指标的标准差；$\overline{x}_i$ 是第 i 项指标的平均数。在本书中 V_i 表示第 i 项体育发展水平评价指标的变异系数，σ_i 是第 i 项体育发展水平评价指标的标准差，$\overline{x}_i$ 是这些指标的均值。体育发展水平各项指标的权重为：

$$W_i = \frac{V_i}{\sum_{i=1}^{n} V_i} \qquad (3-5)$$

式中，W_i 表示第 i 项体育发展水平指标的权重。基于式（3-5）计算各截面数据中体育发展水平各项指标的权重。在本书中以 2008～2016 年为决策单元，计算出 9 年 31 个省份 6 个体育发展水平指标的平均值、标准差、变异系数和权重，然后求 9 年权重均值，进而确定 9 年 31 个省份各体育发展水平评价指标的权重，结果如表 3-2 所示。

表 3-2　　　　　　2008～2016 年体育发展水平各指标权重计算结果

年份	变量	国民体质监测人数	体育场地面积	社会体育指导员人数	社会体育组织数	优秀运动员人数	世界冠军人数
2008	均值	0.6645	0.9656	0.7734	0.7844	1.0098	0.8523
	标准差	0.6717	0.8719	0.6734	0.4950	0.7155	1.0020
	变异系数	1.0108	0.9029	0.8706	0.6311	0.7085	1.1756
	权重	0.1907	0.1704	0.1643	0.1191	0.1337	0.2218
2009	均值	0.5330	1.3004	0.6838	1.1036	1.0001	1.2447
	标准差	0.6124	1.4749	0.4464	1.2103	0.7401	1.6871
	变异系数	1.1490	1.1342	0.6528	1.0967	0.7401	1.3555
	权重	0.1875	0.1851	0.1065	0.1790	0.1208	0.2212
2010	均值	1.0262	1.1686	0.9592	1.0529	1.0334	1.0721
	标准差	1.3642	1.0083	0.6007	0.8523	0.7449	1.4551
	变异系数	1.3294	0.8628	0.6263	0.8095	0.7208	1.3573
	权重	0.2330	0.1512	0.1098	0.1419	0.1263	0.2379

年份	变量	国民体质监测人数	体育场地面积	社会体育指导员人数	社会体育组织数	优秀运动员人数	世界冠军人数
2011	均值	0.6758	0.5211	1.0882	1.0122	1.0488	1.1073
	标准差	1.2303	0.4722	0.4734	0.4738	0.6967	1.4726
	变异系数	1.8206	0.9062	0.4351	0.4681	0.6643	1.3298
	权重	0.3237	0.1611	0.0774	0.0832	0.1181	0.2365
2012	均值	0.7585	1.0069	0.9155	1.0879	1.0658	0.9422
	标准差	0.9429	0.9039	0.7895	0.4958	0.6910	1.2147
	变异系数	1.2432	0.8977	0.8623	0.4558	0.6484	1.2892
	权重	0.2304	0.1664	0.1598	0.0845	0.1201	0.2389
2013	均值	0.9224	1.2806	0.9771	0.9334	0.9783	0.9573
	标准差	0.7032	1.1257	0.9727	0.4899	0.6571	1.4840
	变异系数	0.7624	0.8791	0.9955	0.5249	0.6717	1.5502
	权重	0.1416	0.1633	0.1849	0.0975	0.1248	0.2879
2014	均值	1.8031	1.5521	0.9383	0.9243	0.9667	0.8700
	标准差	2.6710	1.8282	0.6523	0.4441	0.6299	1.0917
	变异系数	1.4813	1.1779	0.6952	0.4805	0.6515	1.2549
	权重	0.2580	0.2052	0.1211	0.0837	0.1135	0.2186
2015	均值	1.6168	0.5666	1.1999	0.9876	0.9394	1.0404
	标准差	2.6675	0.4310	0.5879	0.4058	0.5961	1.3626
	变异系数	1.6499	0.7607	0.4899	0.4109	0.6346	1.3097
	权重	0.3139	0.1447	0.0932	0.0782	0.1207	0.2492
2016	均值	0.9997	0.6381	1.4647	1.1138	0.9577	0.9138
	标准差	0.7572	0.5316	0.8664	0.5012	0.5429	1.1285
	变异系数	0.7574	0.8331	0.5915	0.4500	0.5669	1.2349
	权重	0.1708	0.1879	0.1334	0.1015	0.1279	0.2785
均值	权重	0.2277	0.1706	0.1278	0.1229	0.1076	0.2434

三、体育发展水平指数的确定

在前面已经对体育发展水平评价的各指标进行了标准化处理，并基于变异系数法计算出了各评价指标的权重，接下来就要运用这些权重来计算2008～2016年全国31个省份的体育发展水平指数，计算公式：

$$L_n = \sum_{i=1}^{9}(X_i \times W_i)(n = 2008,2009,\cdots,2016) \qquad (3-6)$$

式中，L_n 表示 $n = 2008,2009,\cdots,2016$ 年各省的体育发展水平指数。计算结果如表 3-3 所示。

表 3-3   2008~2016 年 31 个省份体育发展水平指数

省份	年份	体育发展指数	省份	年份	体育发展指数	省份	年份	体育发展指数
北京	2008	1.5973	浙江	2008	0.8321	海南	2008	1.0837
	2009	1.6197		2009	1.2348		2009	0.4939
	2010	1.8558		2010	1.2312		2010	0.5046
	2011	1.2935		2011	1.2149		2011	0.3273
	2012	1.6171		2012	1.0894		2012	0.4105
	2013	1.5129		2013	1.4323		2013	0.2469
	2014	1.8058		2014	1.1545		2014	0.3483
	2015	1.3271		2015	1.4249		2015	0.4769
	2016	1.4329		2016	1.3671		2016	0.7335
天津	2008	1.4360	安徽	2008	0.2519	重庆	2008	0.4435
	2009	1.3868		2009	0.3428		2009	0.5556
	2010	1.8049		2010	0.5529		2010	1.2090
	2011	1.3028		2011	0.5961		2011	0.7571
	2012	1.6083		2012	0.5226		2012	0.6934
	2013	1.1988		2013	0.4536		2013	0.5298
	2014	0.9474		2014	0.5681		2014	0.8751
	2015	0.7172		2015	0.8618		2015	0.5757
	2016	0.8474		2016	0.6772		2016	0.7627
河北	2008	0.5849	福建	2008	0.7490	四川	2008	0.7997
	2009	0.6900		2009	0.9454		2009	0.7609
	2010	0.7718		2010	1.3536		2010	0.7894
	2011	0.3509		2011	0.9028		2011	0.5989
	2012	0.3134		2012	0.8959		2012	0.6111
	2013	0.6151		2013	0.7345		2013	0.5724
	2014	0.6065		2014	1.1269		2014	1.0678
	2015	0.4627		2015	1.1802		2015	0.7500
	2016	0.3984		2016	1.0325		2016	0.7931

省份	年份	体育发展指数	省份	年份	体育发展指数	省份	年份	体育发展指数
山西	2008	0.5197	江西	2008	0.5954	贵州	2008	0.3609
	2009	0.8654		2009	0.5686		2009	0.3251
	2010	1.1006		2010	0.5985		2010	0.3989
	2011	1.0712		2011	0.5904		2011	0.4845
	2012	0.9562		2012	0.6173		2012	0.6750
	2013	0.8964		2013	0.5331		2013	0.3041
	2014	1.1852		2014	3.8354		2014	0.4788
	2015	0.6214		2015	3.8131		2015	0.3892
	2016	0.4763		2016	0.5903		2016	0.5356
内蒙古	2008	0.9382	山东	2008	1.0642	云南	2008	0.3851
	2009	0.9762		2009	2.0764		2009	1.0671
	2010	1.2057		2010	1.4337		2010	0.3167
	2011	0.7500		2011	0.8960		2011	0.3496
	2012	0.9013		2012	0.8899		2012	0.3349
	2013	0.7177		2013	1.3057		2013	1.0232
	2014	2.3613		2014	1.4407		2014	0.5304
	2015	0.7042		2015	1.1634		2015	0.3575
	2016	0.7924		2016	0.9314		2016	0.5658
辽宁	2008	1.5905	河南	2008	0.4845	西藏	2008	0.4974
	2009	1.4466		2009	0.5129		2009	0.5325
	2010	1.3994		2010	0.4556		2010	2.9414
	2011	1.3566		2011	0.3826		2011	2.1173
	2012	1.6702		2012	0.5621		2012	1.9085
	2013	1.7346		2013	0.8940		2013	1.6807
	2014	1.1593		2014	1.1400		2014	1.1551
	2015	1.5257		2015	0.8632		2015	0.7633
	2016	1.2580		2016	0.9337		2016	0.6569

省份	年份	体育发展指数	省份	年份	体育发展指数	省份	年份	体育发展指数
吉林	2008	0.6532	湖北	2008	0.5844	陕西	2008	0.4874
	2009	0.9045		2009	0.3757		2009	0.5845
	2010	0.6341		2010	0.5203		2010	0.7421
	2011	0.9696		2011	0.9732		2011	0.5781
	2012	0.8628		2012	1.1770		2012	0.8841
	2013	0.6825		2013	0.7397		2013	0.7207
	2014	1.1046		2014	1.0296		2014	0.9525
	2015	1.0443		2015	0.6823		2015	0.8900
	2016	1.1050		2016	0.7530		2016	0.7283
黑龙江	2008	0.6998	湖南	2008	0.4024	甘肃	2008	0.6974
	2009	1.0450		2009	0.6352		2009	0.4611
	2010	0.8817		2010	0.5917		2010	0.4096
	2011	0.6764		2011	0.3437		2011	0.6161
	2012	0.7122		2012	0.3356		2012	0.7307
	2013	1.0154		2013	0.7042		2013	1.0026
	2014	0.9168		2014	1.1144		2014	1.1079
	2015	0.8006		2015	0.8735		2015	0.6723
	2016	0.8771		2016	0.7396		2016	1.1161
上海	2008	1.8317	广东	2008	1.5036	青海	2008	0.5399
	2009	1.3213		2009	4.0677		2009	0.5934
	2010	1.4873		2010	1.8389		2010	0.8502
	2011	1.3658		2011	3.8520		2011	0.5230
	2012	1.1923		2012	1.6780		2012	1.0665
	2013	1.3037		2013	4.6417		2013	1.5405
	2014	1.5938		2014	1.2444		2014	1.3222
	2015	1.8425		2015	3.8615		2015	1.4170
	2016	1.7671		2016	1.2006		2016	1.4104

省份	年份	体育发展指数	省份	年份	体育发展指数	省份	年份	体育发展指数
江苏	2008	1.8852	广西	2008	0.7219	宁夏	2008	0.5776
	2009	2.0209		2009	0.8186		2009	0.6663
	2010	1.6567		2010	0.9674		2010	0.7592
	2011	1.1987		2011	0.8030		2011	0.4846
	2012	1.8194		2012	0.7740		2012	0.6761
	2013	1.1562		2013	0.7643		2013	1.2385
	2014	1.6483		2014	0.8222		2014	2.5306
	2015	1.6585		2015	0.9922		2015	2.0626
	2016	1.8071		2016	1.0496		2016	1.6837
新疆	2008	0.5467						
	2009	0.4522						
	2010	0.5833						
	2011	0.2670						
	2012	0.3237						
	2013	0.5869						
	2014	0.5307						
	2015	0.4743						
	2016	0.4980						

第三节　体育财政支出促进体育发展的实证分析

一、面板回归模型构建

体育事业发展的目标是为了提升国民身体素质和提高国际竞技体育影响力，国家体育财政支出为体育发展提供物质保障。那么体育财政支出与体育发展的关系如何呢？体育财政支出与体育发展水平的关系可以通过体育财政支出与体育发展水平指数之间的关系来进行判断和检验。前文根据体育发展评价指标，拟合了体育发展水平综合指数，且这些评价指标体系都是期望产出，因此拟合的体育发展水平指数是正向指标，体育发展水平指数越大，代表体育发展水平越高。本书采用 2008～2016 年全国 31 个省份的体育财政支出数据和体育发展水平指数数据，来分析体育财政支出对体育发展的作用。体育发展水平的变化是通过体育发展水平指数的变化来衡量的。

本书主要分析的是体育财政支出对体育发展水平的作用，因此被解释变量为体育发展水平指数，记为 sdi。解释变量为体育财政支出额，记为 $spfi$。除了解释变量外，模型还加入了控制变量体育系统从业人员数（$ssep$）、经济发展水平（$pgdp$）、人口密度（pmd）。体育系统从业人员数作为体育事业发展的人力资本投入，与体育财政支出一起作用于推动体育事业发展。考虑到体育公共服务一般主要由地方政府负责供给，而且体育作为人们更高一层次的需求，与各地的经济发展水平有一定的关系，因此将经济发展水平作为控制变量。同时居民是体育公共服务供给的直接受益人，人口规模因素可能会影响体育发展水平。综上分析，构建了如下一般形式的回归方程：

$$sdi_{it} = \alpha + \beta_1 spfi_{it} + \beta_2 ssep + \beta_3 pgdp_{it} + \beta_4 pmd_{it} + u_{it} \qquad (3-7)$$
$$(i = 1,2,3,\cdots,31;t = 2008,2009,\cdots,2016)$$

其中，i 表示 31 个省份，t 表示年份。方程表示随着解释变量和控制变量的变化，体育发展水平的变化。

假设 1：体育财政支出和体育系统从业人员数越多，即国家将越多的财力和人力投入体育事业中，体育事业发展水平越高，在方程中表现为 β_1 和 β_2 的系数为正数。

假设 2：经济发展水平越高，地方政府财力较为充裕，会调配更多的公共资源来促进体育事业的发展，体育事业发展水平越高，在方程中表现为 β_3 系数为正数。

假设 3：地方人口规模基数越大，体育发展水平越低，在回归方程中表现为 β_4 为负数。

地方政府公共资源有限，相对于体育需求来说，人们的医疗、住房保障等基本需求，显得更加迫切，因而可能会削弱体育事业的发展。

为了消除截面数据可能导致的异方差，同时使变量更具有经济学意义，对以上 5 个变量分别取对数，处理为体育发展水平指数的对数 $\ln sdi$，人均体育财政支出的对数 $\ln spfi$，每万人体育系统从业人员对数 $\ln ssep$，经济发展水平取对数 $\ln pgdp$，人口密度取对数 $\ln pmd$。再次建立回归方程：

$$\ln sdi_{it} = \alpha + \beta_{1i}\ln spfi_{it} + \beta_{2i}\ln ssep_{it} + \beta_{3i}\ln pgdp_{it} + \beta_{4i}\ln pmd_{it} + u_{it}$$
$$(i = 1,2,3\cdots,31 ; t = 2008,2009,\cdots,2016) \qquad (3-8)$$

二、面板数据单位根检验

因为一些非平稳的经济时间序列往往表现出共同的变化趋势，但是这些序列本身之间是没有任何直接关系的，容易形成伪回归，因此面板数据在进行回归前要进行平稳性检验。面板数据平稳性是通过单位根检验。常用的单位根检验有 LLC、IPS、ADF-fisher、PP-fisher 等。根据序列数据的自回归系数的不同限制，这些方法分为两类，一是认为面板数据中各截面序列具有相同的单位根的同根单位根检验，如 LLC；二是允许面板数据中各截面序列有不同的单位根的单位根检验，如 IPS、ADF-fisher、PP-fisher。只有同单位根检验和不同单位检验同时拒绝存在单位根的原假设时，面板数据序列才是平稳的。为了方便，本书选取同根 LLC，不同根的 ADF-fisher 来检验体育发展水平 lnsdi、体育财政支出 lnspfi、体育系统从业人数 lnssep、经济发展水平 lnpgdp 和人口密度 lnpmd 的平稳性。ADF 检验是三个模型来完成的，一是含趋势项和截距项模型，二是只含截距项的模型，三是既不含截距项也不含趋势项的模型。三个模型中只要有一个模型拒绝原存在单位根的假设，就认为序列是平稳的。

从表 3-4 的结果可以看出，在 1% 的显著性水平下，同根的 LLC 检验，lnsdi、lnspfi、lnssep、lnpgdp、lnpmd 均可以拒绝原存在单位根的假设，即 LLC 检验结果表明体育发展水平指数、体育财政支出、体育系统从业人数、经济发展水平和人口密度均是平稳序列。不同根的 ADF-fisher 检验结果同样表明面板数据中各截面序列均是平稳的。因此，综合 LLC 和 ADF-fisher 检验表明面板数据序列是平稳的，可以直接进行回归分析。

表 3-4　　　　　　　　　LLC 检验和 ADF-fisher 检验结果

检验方法	lnsdi	lnspfi	lnssep	lnpgdp	lnpmd
LLC t 值	-13.552	-18.738	-10.683	-6.144	-8.094
LLC p 值	0.0000	0.0000	0.0000	0.0001	0.0000
ADF-fisher P 值	0.0000	0.0000	0.0000	0.0000	0.0000

三、面板数据模型的确定

面板数据模型分为固定效应模型和随机效应模型，或者混合模型。固定模型假设不同的截面或不同的时间序列，模型的斜率系数是相同的，但模型的截距项不同。随机效应模型和固定效应模型比较，相当于把固定效应模型中的截距项看成两个随机变量。一个是截面随机误差项，一个是时间随机误差项。混合效应估计面板数据的策略，就是将其看成截面数据而进行混合回归，即要求样本中每个个体拥有完全相同的回归方程，所有截面回归方程的系数和截距完全相同。因此，本书通过似然比检验 LR，来初步分析面板数据的模型类型。

采用 stata15 软件，设定模型类型为个体固定效应变截距模型，对其回归结果和混合效应回归结果进行 LR 检验。检验结果显示 LR chi2（29）= 146.03，prob > chi2 = 0.0000，P 值为 0，在 1% 的显著性水平下，可以拒绝原假设，因此，可以拒绝原混合效应不存在个体效应的假设。采用 hausman 检验，进一步验证模型形式，Prob > chi2 = 0.0081，可以拒绝原随机效应的假设，确定为固定效应模型。同时由于本书是对全国 31 个省份的总体估计，反映总体效应，而不是从总体中随机抽取得样本，所以可以直接判定为采用固定效应而非随机效应。所以本书构建了面板数据的个体固定效应模型，模型方程式为：

$$\ln sdi_{it} = \alpha_i + \beta_1 \ln spfi_{it} + \beta_2 \ln ssep_{it} + \beta_3 \ln pgdp_{it} + \beta_4 \ln pmd_{it} + u_{it}$$
$$(i = 1,2,3\cdots,31; t = 2008,2009,\cdots,2016) \tag{3-9}$$

四、面板模型估计结果及分析

在确定模型为个体固定效应模型后，采用软件 stata15，以 9 年 31 个省份体育发展水平指数为被解释变量（lnsdi），体育财政支出（lnspfi）为解释变量，控制变量是体育系统从业人数（lnssep）、经济发展水平（lnpgdp）和人口密度（lnpmd）建立体育财政支出对体育发展水平作用的回归方程，回归分析结果如表 3 - 5 所示。

从表 3 - 5，可以看出 lnspfi 的 P 值为 0.033，小于 0.05，且回归系数为正，表示 lnspfi 在 5% 的置信水平下是显著的，表明 lnspfi 对 lnsdi 具有正向促进作用。lnssep 的 P 值为 0.001，小于 0.05，且回归系数为正，表示 lnssep 在

表 3-5　　　　　　体育财政支出对体育发展水平作用的回归分析结果

变量	回归系数	标准误	t 值	P	置信区间	
lnspfi	0.1472808	0.0686892	2.14	0.033	0.0119841	0.2825776
lnssep	0.283198	0.0830593	3.41	0.001	0.1195965	0.4467995
lnpgdp	0.0881315	0.0942671	0.93	0.351	-0.0975458	0.2738089
lnpmd	-0.2096994	0.1176465	-1.78	0.076	-0.441427	0.0220282

5% 的置信水平下是显著的，且具有正向促进作用。lnpgdp 的 P 值为 0.351，大于 0.1，回归系数为正，表示 lnpgdp 对 lnsdi 具有正向促进作用，但是在 10% 的置信水平下不显著。lnpmd 的 P 值为 0.076，小于 0.1，且回归系数为负值，表明 lnpmd 对 lnsdi 具有抑制作用，并且效果是显著的。

根据回归分析结果构造体育财政支出对体育发展的回归方程为：

$$\widehat{\ln sdi}_{it} = \alpha_i + 0.14728 \ln spfi_{it} + 0.2832 \ln ssep_{it} + 0.0881 \ln pgdp_{it}$$

$$(3-10)$$

从表 3-6 可以看出，各变量的回归系数均与假设一致，由于回归方程中对解释变量和被解释变量作取对数处理，因此各系数代表的是弹性系数，即每增加一单位的解释变量，被解释变量增加一定单位数。体育财政支出与体育发展水平之间系数为 0.14728，表示体育财政支出与体育发展水平呈正相关，每增加 1 个单位，体育发展水平提高 0.14728 个单位，弹性较小。如果要提高体育发展水平，财政需要更大程度上增加体育财政支出。可能一方面是因为体育工作是一项持续周期长、见效慢的事业，另一反面是体育财政支出在使用和管理上面的问题。

表 3-6　　　　　　　　　　回归方程各变量情况

变量	回归系数	标准误	t 值	P > t	置信区间	
体育财政支出	0.1472808	0.0686892	2.14	0.033	0.0119841	0.2825776
体育系统从业人数	0.283198	0.0830593	3.41	0.001	0.1195965	0.4467995
人均 GDP	0.0881315	0.0942671	0.93	0.351	-0.0975458	0.2738089
人口密度	-0.2096994	0.1176465	-1.78	0.076	-0.441427	0.0220282

从控制变量来看，体育系统从业人数的系数为 0.2832，与增加体育系统人力资源投入，能提高体育发展水平的假设是一致的。每增加 1 单位的人员投入，体育发展水平上升 0.2832 个单位。经济发展水平（人均 GDP）的系数为 0.0881，与预期的经济发展水平较高的地区，体育发展水平较高是一致的，但是根据 P 统计量可以看出，这一关系不显著，即经济发展越高在一定程度上能提升体育发展水平，但是不显著。人口密度的系数为 −0.2097，与预期是一致的。人口规模基数越大的省份，政府可能更倾向于保障人们的生存型发展需求，而忽视改善生命质量的体育需求，可能会抑制体育事业的发展。

对体育发展水平的一般认识是经济发展水平越高，政府更加注重提高人们的生活质量和水平，注重改善人们生命质量的更高层次的体育休闲需求，自觉地增加体育公共服务供给，并不断提升体育公共服务供给水平。而从实证结果看，并不是经济发展水平越高，对体育发展水平的促进作用越显著。结合当前体育财政支出对体育发展水平提升的促进效果不强，我们有理由认为是体育财政支出执行过程问题，影响了体育财政支出的绩效。因此，在下一章，我们将对体育财政支出的效率进行分析。

第四章　我国体育财政支出效率分析

第一节　DEA 效率评价模型

一、DEA 模型

数据包络分析法（DEA 模型）是最常用的基于多投入和多产出，分析具有可比性的决策单元之间的相对有效性的一种效率评价工具，目前被广泛用于管理学、经济学等领域的研究之中。最初是由 A. Charnes、W. W. Cooper 和 E. Rhodes 于 1978 年提出的 CCR 模型，这也是 DEA 方法的第一个模型。DEA-CCR 模型用来测算某一组织的技术效率，但是这一技术效率并不是生产效率或者产出效率，而是某一决策单元组成的组织在资源配置和资源使用上的整体绩效。DEA 模型分为投入导向模型和产出导向模型，投入导向是指在不改变产出的情况下，使投入最小化，也即经济学意义上的成本最小化；产出导向是指在不改变投入要素的情况下使产出最大化。因此，本书对体育支出绩效的评估，是评估体育支出的利用绩效是否达到了最大化。DEA 模型评价的是一种相对效率，是相对于处于技术效率前沿面的决策单元而言的。技术效率前沿在 CCR 模型下是指从原点到最优决策单元组成的，前沿代表着这一时期的技术水平。

假设在 n 个决策单元中，它的任意一个决策单元都存在 m 种类型输入和 s 种类型输出，x_{ij} 代表第 j 个决策单元对第 i 种类型输入的投入总量，y_{rj} 代表第 j 个决策单元对第 r 种类型输出的产出总量。对每个决策单元 DMU_j 基于无效性、凸性、锥性以及最小性的公理假设，存在生产可能集：

$$T = \left\{ (X, Y) \mid \sum_{j=1}^{n} X_j \lambda_j \leqslant X_i \sum_{j=1}^{n} Y_j \lambda_j \geqslant 0, j = 1, 2, \cdots, n \right\} \quad (4-1)$$

于是，可得到如下规模报酬不变的 DEA 模型，即 CCR 模型：

$$\text{s. t. } \sum_{j=1}^{n} x_{ij}\lambda_j + s_i^- = \theta x_{ij_0}, i \in (1,2,\cdots,m)$$

$$\sum Y_{rj}\lambda_j - s_r^+ = \theta y_{yj_0}, r \in (1,2,\cdots,s) \quad (4-2)$$

$$\theta, \lambda_j s_i^-, s_r^+ \geq 0, j = 1,2,\cdots,n.$$

式（4-2）中，s_i^-, s_r^+ 表示松弛变量，m 和 s 是输入和输出指标的个数，x_{ij_0}, y_{rj_0} 是第 j_0 个决策单元的第 i 个输入项和第 j 个输出项。此外，ε 一般取值为 10^{-6}，表示正无穷小。通过式（4-2）能够计算出技术效率，其中，它的数值越大，表示效率就越高。CCR 模型下计算出来的技术效率是一种投入和产出的综合技术效率。

如果 $\theta = 1, s_i^- = 0, s_r^+ = 0$，那么就表明该决策单元 DMU_j 达到了 DEA 有效状态，规模效率和技术效率同时达到有效；如果 $\theta < 1, s_i^- \neq 0, s_r^+ \neq 0$，那么就表明该决策单元 DMU_j 为 DEA 无效状态，存在投入冗余和产出不足。CCR 模型以企业的规模报酬不变为前提，即认为企业规模不会影响其效率值。但是在实际情况下，不完全竞争的出现、国家相关政策的变化等各种社会环境都会使企业很难在最优的规模下进行。于是规模报酬可变的 DEA 模型产生了。1984 年，Banker、Charnes 和 Cooper 在 CCR 模型的基础上，提出了规模报酬可变模型，即 BCC 模型。BCC 模型下技术前沿是指技术效率表现较好的一组决策单元的技术效率所构成的，他们处于技术效率的最前沿。因此，处于技术前沿面的决策单元的效率值为 1，其他不在技术前沿面上的决策单元技术效率均小于 1，被认为是非 DEA 有效的。

对任意决策单元 DMU_j 基于无效性、凸性、锥性和最小性的公理假设，有生产可能集：

$$T = \left\{ (X,Y) \mid \sum_{j=1}^{n} X_j\lambda_j \leq X_i \sum_{j=1}^{n} Y_j\lambda_j \geq Y, \lambda_j \geq 0, j = 1,2,\cdots,n \right\}$$

$$(4-3)$$

得出如下规模可变的 DEA 模型，即 *BCC* 模型：

$$\min\left[\theta - \varepsilon \left(\sum_{i=1}^{n} s_i^- + \sum_{r=1}^{s} s_r^+ \right) \right]$$

$$\text{s.t. } \sum_{j=1}^{n} x_{ij}\lambda_j + s_i^- = \theta x_{ij_0}, i \in (1,2\cdots,m)$$

$$\sum_{j=1}^{n} Y_{rj}\lambda_j - s_r^+ = \theta y_{rj_0}, r \in (1,2,\cdots,s)$$

$$\sum_{j=1}^{n} \lambda_j = 1 \tag{4-4}$$

$$\theta,\lambda_j s_i^-, s_r^+ \geq 0, j = 1,2,\cdots,n.$$

式（4-4）中，各变量的含义与 CCR 模型一致，如果 $\theta = 1, s_i^- = 0$, $s_r^+ = 0$，那么表示该决策单元 DMU_j 达到了 DEA 有效状态，即技术效率达到最佳；如 $\theta < 1, s_i^- \neq 0, s_r^+ \neq 0$，那么表示该决策单元 DMU_j 为 DEA 无效状态，存在投入冗余和产出不足。在本书计算体育财政支出的效率时，投入变量是体育财政支出，产出变量是各项政府职能履行中形成的各种体育产出指标，从投入产出角度测算体育财政支出的相对效率，通过目标值和原始值之间的径向松弛和松弛量来判断体育财政支出是否存在冗余，体育产出变量是否存在不足。

BCC 模型在计算技术效率时剔除了规模效率的影响，因此计算出的技术效率是纯技术效率。此时如果要计算规模效率，则等于 CCR 模型下计算的综合技术效率除以 BCC 模型下的纯技术效率。纯技术效率侧重反映各省市区在体育发展过程中相关制度和管理因素的绩效，即各省市区在既定的体育资源规模下，合理调整资源结构，有效利用投入资源，提高体育产出水平的能力。规模效率是指各省份在体育财政支出管理制度和管理水平等一定的条件下，体育公共服务供给中由于生产规模因素所带来的效率。

二、变量选取

（一）体育投入指标

本书主要是为了测度体育财政支出效率，因此在投入指标选取的时候，选择了各省、自治区和直辖市的体育财政支出。同时为了剔除人口规模因素的影响，采用了人均体育财政支出 X1。

（二）体育产出指标

产出反映了在国家财政体育支出后，体育行政部门在体育公共服务供给中做了什么。具体表现为：提供了体育场地设施，成立了体育社团组织，动员了公益社会体育指导员组织体育活动、指导居民健身和对居民进行体质监测，培养了优秀运动员和竞技体育世界冠军。社会体育指导员反映的是居民在健身活动中可能获得的个性化、专业化基本健身知识和技能指导，这能帮助居民科学地提高健身质量，激发居民参加体育锻炼的热情，增加健身锻炼的持久性，进而提高居民健康水平。体育场地为居民锻炼提供专门化、稳定的场所，并配备了健身器材，是居民参加体育锻炼、增强体质的基础。体育社会团体组织是组织和开展体育活动的主体。因此，产出变量为世界冠军人数 Y1、优秀运动员人数 Y2，社会体育指导员人数 Y3、体育场地面积 Y4、社会体育组织数 Y5、国民体质监测人数 Y6，如表 4 – 1 所示。

表 4 – 1　　　　　　　　　**体育事业投入和产出指标**

类别	变量	指标	单位
投入	X1	人均体育财政支出	元
产出	Y1	世界冠军人数	人
	Y2	优秀运动员数	人/万人
	Y3	社会体育指导员人数	人/万人
	Y4	体育场地面积	平方米/万人
	Y5	社会体育组织数	个/万人
	Y6	国民体质监测人数	人/万人

（三）数据来源

根据数据的可获得性、操作性和系统性选取了全国 31 个省份 2008 ~ 2016 年的数据来分析体育财政支出效率。体育投入和产出数据均来自《中国体育事业统计年鉴》《中国统计年鉴》和国家体育总局官方网站。

第二节　体育财政支出效率结果及分析

本书运用 DEAP2.1 计算了 2008 ~ 2016 年全国 31 个省份的体育财政支出效率，分别从纯技术效率、松弛量和规模效率三个方面来分析我国整体和分地区的体育财政支出效率。

一、体育财政支出的纯技术效率结果及分析

按照国家统计局的地区划分标准，将全国划分为三大地区进行分析。东部地区包括，北京、天津、河北、辽宁、上海、江苏、浙江、福建、山东、广东和海南；中部地区包括，山西、吉林、黑龙江、安徽、江西、河南、湖北、湖南；西部地区包括，内蒙古、广西、重庆、四川、贵州、云南、西藏、陕西、甘肃、青海、宁夏、新疆。由表4-2可知，从全国来看，2008~2016年，我国体育财政支出纯技术效率总体上呈上升趋势，2008年为0.843，2016年为0.914。从地区来看，东部地区为0.904，中部地区为0.872，西部地区为0.858，表现为东部地区体育财政支出纯技术效率高于中部地区体育财政支出纯技术效率，中部地区体育财政支出纯技术效率高于西部地区体育财政支出纯技术效率。这样的排列顺序，可能与我国各地区的经济发展水平有关。体育需求相对于生存和温饱需求而言，属于更高一层次的需求。历史上我国经济发展基础薄弱，社会生产和生活的第一要务是加快经济发展，以满足人们不断增长的物质文化需要同落后的社会生产之间的矛盾。在生产建设型发展模式下，社会各方面更加注重的是经济效率，具体落实到老百姓的生活和工作中，人们往往忽视了体育在促进身心健康方面的重要作用，体育

表4-2 2008~2016年体育财政支出纯技术效率

地区	省份	2008年	2009年	2010年	2011年	2012年	2013年	2014年	2015年	2016年	均值	排名
东部	北京	1	1	1	1	1	1	1	1	1	1	1
	天津	1	1	1	1	1	0.946	1	1	1	0.994	5
	河北	0.519	1	1	0.64	0.5	0.853	0.711	0.662	0.598	0.72	29
	辽宁	1	1	1	1	1	1	1	1	1	1	1
	上海	1	0.87	0.845	1	0.781	0.7	1	0.87	1	0.896	15
	江苏	1	1	1	1	1	0.956	1	1	1	0.995	4
	浙江	0.779	0.746	0.801	0.977	0.933	1	0.832	0.835	1	0.878	18
	福建	0.799	0.815	1	0.683	0.911	0.799	0.919	0.916	0.903	0.861	20
	山东	1	1	1	0.826	0.881	0.897	0.958	0.724	0.861	0.905	14
	广东	1	1	1	1	1	1	1	1	0.869	0.985	6
	海南	1	1	1	0.372	0.549	0.36	0.421	0.8	0.84	0.705	30
	均值	0.918	0.948	0.968	0.863	0.869	0.865	0.895	0.892	0.916	0.904	—

续表

地区	省份	2008年	2009年	2010年	2011年	2012年	2013年	2014年	2015年	2016年	均值	排名
中部	山西	0.464	1	1	1	1	1	1	1	0.992	0.94	12
	吉林	0.784	0.955	0.838	0.882	0.846	0.849	1	0.886	1	0.893	17
	黑龙江	0.85	0.753	1	0.931	1	0.845	0.824	1	1	0.911	13
	安徽	0.397	0.703	0.631	1	1	1	1	1	1	0.859	21
	江西	0.631	0.918	0.473	0.666	0.882	0.839	1	1	1	0.823	22
	河南	1	1	1	1	1	1	1	1	1	1	1
	湖北	0.502	0.409	0.52	1	1	0.539	1	0.838	0.814	0.736	26
	湖南	0.68	0.754	0.957	0.662	0.557	0.884	1	1	0.825	0.813	23
	均值	0.664	0.812	0.802	0.893	0.911	0.87	0.978	0.966	0.954	0.872	—
西部	内蒙古	1	0.997	1	1	1	0.826	1	0.964	1	0.976	9
	广西	1	1	1	1	1	1	0.861	0.694	0.971	0.947	11
	重庆	0.693	1	1	0.847	0.695	0.586	0.804	0.663	0.838	0.792	25
	四川	1	0.962	0.953	0.633	0.849	0.658	1	0.907	0.932	0.877	19
	贵州	1	0.739	1	0.803	1	0.442	0.748	0.721	0.702	0.795	24
	云南	0.92	1	0.547	0.439	0.6	1	0.722	0.595	0.736	0.729	28
	西藏	1	0.757	1	1	1	1	0.962	1	0.882	0.956	10
	陕西	0.517	0.465	0.757	0.586	0.969	0.615	1	0.855	0.829	0.733	27
	甘肃	1	0.728	0.691	1	0.905	1	0.953	0.776	1	0.895	16
	青海	0.942	1	0.871	1	1	1	1	1	1	0.979	8
	宁夏	1	1	1	0.863	1	0.99	1	1	1	0.984	7
	新疆	0.654	0.602	0.598	0.552	0.681	0.657	0.502	0.699	0.744	0.632	31
	均值	0.894	0.854	0.868	0.81	0.892	0.815	0.879	0.823	0.886	0.858	—
全国	均值	0.843	0.876	0.887	0.85	0.888	0.847	0.91	0.884	0.914	0.877	—

活动被认为是可有可无的，甚至误认为劳动就是锻炼。因而，体育一直没有引起人们的重视。这一理论逻辑同样适用于全国东、中、西部地区，经济发展水平存在较大差异的东、中和西部地区，总体表现为经济发展水平较高的地区人们可支配收入高，生活水平较高，在满足了基本的生存型温饱需求后，人们更加注重发展型的和享受型的更高层次的美好生活追求。需求驱动供给，人们不断增长的体育公共服务需求激励地方政府更加注重体育公共服务的供给，并不断提高供给绩效。因而，东部地区效率高于中部地区，高于西部地区。

　　分地区对体育财政支出纯技术效率进行分析：

　　东部地区。从表4-2可以看出，2008～2016年，河北（0.72）和海南（0.705）的平均纯技术效率相对较低，在0.8以下。北京、辽宁的纯技术效率为1，一直处于纯技术效率最前沿。天津市2013年为0.946，江苏省2013年为0.956，广东省2016年为0.869，除这些个别年份外，天津、江苏和广东的纯技术效率一直为1，处于纯技术效率前沿。河北、上海、浙江、福建、山东、海南2008～2016年纯技术效率波动较大，呈现出上升和下降不断交替的态势，稳定性较差。东部地区2008～2016年纯技术效率整体上，先上升，后下降，再上升，再下降，而后再上升趋势。

　　中部地区。2008～2016年平均纯技术效率最高的是河南（1），其次分别是山西（0.94）、黑龙江（0.911）、吉林（0.893）、安徽（0.859）、江西（0.823）、湖南（0.813）、湖北（0.736）。河南处于中部地区体育财政支出纯技术效率最前沿。山西省除2008年（0.464）和2016年（0.992）外，其他年份均处于纯技术效率最前沿，从0.464～0.992来看，山西纯技术效率上升幅度较大。吉林2014年和2016年的纯技术效率均为1，达到了纯技术效率前沿。黑龙江在2010年、2012年、2015年、2016年都达到了技术效率前沿。安徽2011～2016年均处于纯技术效率前沿。江西2014～2016年均处于纯技术效率最前沿。湖北在2011年、2012年和2014年处于纯技术效率前沿。湖南在2014年、2015年处于纯技术效率前沿。从中部地区整体来看，2008～2016年纯技术效率虽然呈现先上升，后下降，再上升，再下降，然后上升，再下降的波动态势，但是总体上呈现上升趋势。

　　西部地区。2008～2016年纯技术效率均值，宁夏最高（0.984），其次是青海（0.979）、内蒙古（0.976）、西藏（0.956）、广西（0.947），然后是甘肃（0.895）、四川（0.877），重庆、贵州、云南、陕西、新疆均在0.8以下。总体上看，西部地区内部体育支出纯技术效率均值差异较大，从2008～2016年西部地区平均纯技术效率呈上下波动态势，见图4-1。

　　从省际层面来看，2008～2016年纯技术效率均值（见表4-3），排名前五的是江苏、天津、广东、宁夏、青海，其中有三个省份来自东部地区，两个省份来自经济稍欠发达的西部地区，即江苏、天津和广东属于东部地区，宁夏和青海属于西部地区。全国排名最后五名是陕西、云南、河北、海南和新疆。从这五省九年的人均GDP来看，从高到低依次是河北、海南、陕西、新疆、云南，而体育财政支出纯技术效率从高到低依次是陕西、云南、河北、

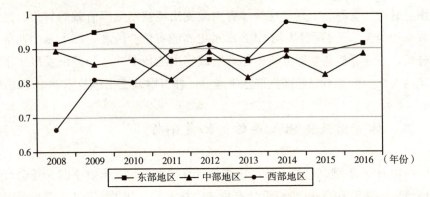

图 4 - 1　2008~2016 年我国 31 个省份分地区体育财政支出纯技术效率

海南、新疆。河北和海南的经济发展水平高于新疆，纯技术效率也高于新疆；陕西的经济发展水平高于云南和新疆，纯技术效率也高于云南和新疆；但是云南的人均 GDP 在五省中排名最末，纯技术效率却排名第二；陕西的人均 GDP 排名第三，纯技术效率却排名第一。

表 4 - 3　　　　　　全国体育财政支出纯技术效率前五名和后五名

省份	均值	排名	省份	均值	排名
江苏	0.995	4	陕西	0.733	27
天津	0.994	5	云南	0.729	28
广东	0.985	6	河北	0.72	29
宁夏	0.984	7	海南	0.705	30
青海	0.979	8	新疆	0.632	31

从年度纯技术效率有效的决策单元来看，北京、辽宁和河南在 2008~2016 年的纯技术效率均为 1，始终处于技术效率前沿面。以 1995 年为基期，对全国 31 个省份 2008~2016 年人均 GDP 进行平减：2008 年，广西、四川、贵州、西藏、甘肃、宁夏；2009 年，山西、河南、广西、云南、青海、宁夏；2010 年，山西、广西、贵州、西藏、宁夏；2011 年，山西、安徽、河南、广西、西藏、甘肃、青海；2012 年，山西、安徽、河南、广西、贵州、西藏、青海、宁夏；2013 年，山西、河南、广西、云南、西藏、甘肃、青海；2014 年，安徽、江西、河南、湖南、四川、青海、宁夏；2015 年，山西、安徽、江西、河南、湖南、西藏、青海、宁夏；2016 年，安徽、江西、

河南、甘肃、青海、宁夏。这些体育财政支出纯技术效率有效的省份，纯技术效率均为1，超过部分人均GDP水平更高的省份。因此，综上东中西部地区分析、省际分析和年度分析，体育财政支出纯技术效率与经济发展水平有一定的关系，但并不是经济发展水平越高，体育财政支出纯技术效率越高。

二、体育财政支出效率的松弛量分析

在用DEA模型基于投入和产出指标计算体育财政支出效率时，还会计算出松弛量。基于DEA-BCC模型计算出来的技术效率如果小于1，则表示决策单元的技术效率是非有效的，这时候就存在松弛量。松弛量是非DEA有效的决策单元投影到生产前沿面后处于弱有效区域。要达到DEA有效，需要根据松弛量进行调整投入或产出。基于DEA-BCC模型，选用多阶段DEA测算效率时，分为两步进行，一是径向松弛量，二是松弛量。在技术前沿面不变的前提下，非DEA有效的决策单元在向有效决策单元调整时，需要经过两个步骤进行调整，先按照效率比例调整投入或产出，若有松弛量，再进一步调整。本书采用产出导向的DEA模型，非DEA有效的决策单元在根据松弛量向有效决策单元调整时，首先就是根据目标值扩大产出，如果产出还不足以提高效率时，会缩减投入。松弛量等于DEA有效情况下应该达到的目标投入或产出减去原始投入或产出。在本书中，投入变量为人均体育财政支出，产出变量为接受国民体质监测的人数、社会体育指导员人数、社会体育组织数、体育场地面积、优秀运动员人数和世界冠军人数。产出指标均为期望产出，因此，如果松弛量为正数，则表明投入和产出不足，要达到DEA有效则应该增加投入或者扩大产出；如果松弛量为负数，则表明投入或产出冗余，要达到DEA有效，则应该缩减投入或减少产出。

本书涉及31个省份的1个投入变量，6个产出变量数据。基于DEA-BBC模型时，各年各省份的非DEA有效的决策单元计算技术效率时投入和产出变量均存在松弛量，在此仅以2016年各省份的投入和产出松弛量进行分析。2016年北京、天津、内蒙古、辽宁、吉林、黑龙江、上海、江苏、浙江、安徽、江西、河南、甘肃、青海、宁夏的技术效率均为1，处于技术效率前沿面，因此这些省份的投入产出松弛量为0，没有在表4-4中列出。从投入变量来看，31个省份的人均体育财政支出，除西藏松弛改进率为-26.73%外，体育财政支出松弛均为0，表明我国体育财政支出基本不存在冗余，这与我国目前体育财政支出总量不足的现实是相符的。西藏地区如果要提高其技术效率，从投入角度要减少投入冗余。从产出变量来看，6 个产出指标均为期望产出。根据表 4 – 4 可以看出产出松弛量均为正，表明 31 个省份的产出均不足。如果要提高非 DEA 有效决策单元的技术效率至技术效率前沿，则应该增加产出变量的量。

表 4 – 4　　　　　2016 年体育财政支出效率产出—投入变量松弛量

	地区	河北	山西	福建	山东	湖北	湖南	广东	广西
产出 1	原始值	4	2	10	11	4	4	16	7
	总松弛量	2.684	3.105	1.080	1.778	0.915	0.850	2.404	0.211
	松弛改进率（％）	67.100	155.250	10.800	16.164	22.875	21.250	15.025	3.014
产出 2	原始值	0.128	0.197	0.278	0.128	0.189	0.098	0.130	0.178
	总松弛量	0.086	0.002	0.030	0.021	0.043	0.021	0.059	0.005
	松弛改进率（％）	67.188	1.015	10.791	16.406	22.751	21.429	45.385	2.809
产出 3	原始值	1.003	1.120	1.377	2.091	2.822	2.427	2.420	3.137
	总松弛量	2.695	0.899	1.692	2.037	0.646	1.487	2.340	0.779
	松弛改进率（％）	268.69	80.27	122.88	97.42	22.89	61.27	96.69	24.83
产出 4	原始值	258	144	62	436	444	462	459	271
	总松弛量	173	78	524	70	102	98	69	134
	松弛改进率（％）	67.088	53.824	839.761	16.164	22.884	21.262	15.024	49.479
产出 5	原始值	0.153	0.359	0.384	0.221	0.227	0.197	0.187	0.167
	总松弛量	0.113	0.003	0.041	0.144	0.052	0.042	0.292	0.137
	松弛改进率（％）	73.856	0.836	10.677	65.158	22.907	21.320	156.150	82.036
产出 6	原始值	0.324	6.131	40.827	22.651	18.563	27.862	35.581	54.747
	总松弛量	50.831	25.318	9.931	29.756	32.873	14.308	22.403	1.651
	松弛改进率（％）	15689	413	24	131	177	51	63	3
投入 1	原始值	37.136	38.003	78.287	43.589	40.102	28.136	60.361	43.340
	总松弛量	0	0	0	0	0	0	0	0
	松弛改进率（％）	0	0	0	0	0	0	0	0
	地区	海南	重庆	四川	贵州	云南	西藏	陕西	新疆
产出 1	原始值	0	7	5	0	2	0	3	0
	总松弛量	2.26	1.35	0.36	7.77	5.91	6.57	0.62	4.33
	松弛改进率（％）	—	19	7	—	296	—	21	—

续表

地区		海南	重庆	四川	贵州	云南	西藏	陕西	新疆
产出 2	原始值	0.179	0.147	0.143	0.062	0.115	0.462	0.185	0.252
	总松弛量	0.083	0.028	0.010	0.105	0.041	0.062	0.038	0.087
	松弛改进率（%）	46.37	19.05	6.99	169.35	35.65	13.42	20.54	34.52
产出 3	原始值	7.59	1.59	1.82	3.58	2.51	3.33	1.53	3.03
	总松弛量	1.45	2.27	1.38	1.51	0.90	0.45	2.51	1.04
	松弛改进率（%）	19.08	143.07	76.09	42.34	35.96	13.45	163.49	34.42
产出 4	原始值	200	469	245	395	241	112	755	253
	总松弛量	1095	91	123	215	87	256	156	310
	松弛改进率（%）	547.93	19.30	50.12	54.35	35.95	227.60	20.66	122.39
产出 5	原始值	0.24	0.17	0.26	0.29	0.28	0.08	0.21	0.21
	总松弛量	0.15	0.14	0.02	0.12	0.10	0.09	0.12	0.07
	松弛改进率（%）	62.61	79.19	7.22	42.46	35.92	118.99	58.45	34.45
产出 6	原始值	3.10	22.05	36.88	7.72	13.80	20.93	20.30	3.14
	总松弛量	39.76	29.60	2.68	26.52	10.52	2.81	33.70	41.55
	松弛改进率（%）	1285	134.3	7.3	343.4	76.2	13.4	166.1	1323
投入 1	原始值	75.71	40.15	30.32	48.13	37.40	144.29	49.77	62.81
	总松弛量	0	0	0	0	0	-38.567	0	0
	松弛改进率（%）	0	0	0	0	0	-26.73	0	0

注：产出 1 = 世界冠军人数，产出 2 = 优秀运动员人数/万人，产出 3 = 公益性社会指导员人数/万人，产出 4 = 体育场地面积/万人，产出 5 = 社会体育组织数，产出 6 = 接受体质监测人数/万人，投入 1 = 人均体育财政支出。

从表 4 - 5 的各项指标的改进率可以看出技术效率非 DEA 的决策单元，在下一步提高技术效率改进内容的排序。河北 6 项指标改进率从高到低依次是，接受国民体质监测人数、社会体育指导员人数、社会体育组织数、优秀运动员人数、世界冠军人数、体育场地面积，因此可以直观看出，要使各项指标缩小与技术效率前沿面的差距，河北在各项指标上应该努力的程度。山西 6 项指标改进率从高到低依次是，接受国民体质监测人数、世界冠军数、社会体育指导员人数、体育场地面积、优秀运动员人数、社会体育组织数。从山西的 6 项产出指标来看，社会体育组织数和优秀运动员人数相对更接近接近技术效率前沿，发展情况较好，最需要改进的是接受国民体质监测人数。福建 6 项指标改进率从高到低依次是，体育场地面积、社会体育指导员人数、接受体质监测人数、世界冠军数、优秀运动员人数、社会体育组织数，其中优秀运动员人数和社会体育组织数发展情况较好，最需要改进的是体育场地面积。依次类推，从全国来看，河北、山西、山东、湖北、海南、贵州、陕西、新疆8省份最需要改进的是国民体质监测，湖南、重庆、四川3省市最需要改进的是社会体育指导员人数，广东、广西2省份需要提高社会体育组织数，福建最需要提高的是体育场地面积。除此之外，海南、贵州、西藏、新疆因为世界冠军数常年为0，因此改进率较高，需要提高世界冠军数。综上所述，从投入产出改进松弛量，为我国改善体育财政支出结构指明了方向。

表4-5　　　　　　　　　　投入产出变量松弛改进率

省份	世界冠军人数	优秀运动员人数	社会体育指导员人数	体育场地面积	社会体育组织数	接受体质监测人数	人均体育财政支出
河北	67.10	67.19	268.69	67.09	73.86	15688.58	0
山西	155.25	1.02	80.27	53.82	0.84	412.95	0
福建	10.80	10.79	122.88	839.76	10.68	24.32	0
山东	16.16	16.41	97.42	16.16	65.16	131.37	0
湖北	22.88	22.75	22.89	22.88	22.91	177.09	0
湖南	21.25	21.43	61.27	21.26	21.32	51.35	0
广东	15.03	45.38	96.69	15.02	156.15	62.96	0
广西	3.01	2.81	24.83	49.48	82.04	3.02	0
海南	—	46.37	19.08	547.93	62.61	1284.72	0
重庆	19.30	19.05	143.07	19.30	79.19	134.26	0
四川	7.28	6.99	76.09	50.12	7.22	7.27	0
贵州	—	169.35	42.34	54.35	42.46	343.37	0
云南	295.70	35.65	35.96	35.95	35.92	76.21	0
西藏	—	13.42	13.45	227.60	118.99	13.44	-26.73
陕西	20.67	20.54	163.49	20.66	58.45	166.07	0
新疆	—	34.52	34.42	122.39	34.45	1322.76	0

三、体育财政支出的规模效率结果及分析

规模效率反映的是决策单元当前规模与最优规模之间的差距。规模效率等于1时，表示当前决策单元处于最优生产规模。生产单位在考虑规模因素对企业生产效率影响，并决定对生产规模进行调整时，还应结合规模收益来

综合分析。规模收益有三种类型：规模报酬递增（irs）、规模报酬不变和规模报酬递减（drs）。规模报酬递增是指当投入规模增加时，产出规模相应增加幅度大于投入规模增加幅度；规模报酬不变，表示投入规模增加时，产出规模同幅度增加。规模报酬递减，表示投入规模增加时，产出规模增加幅度小于投入规模增加幅度。

从全国层面来看（见表4-6），2016年平均规模效率为0.836。从分地区的角度看，2008～2016年东部地区的平均规模效率为0.746，中部地区平均规模效率为0.939，西部地区平均规模效率为0.866。中部地区规模效率最高，大于西部地区，东部地区规模效率最低。

表4-6　　　　　　　2008～2016年我国体育财政支出规模效率

省份		2008年	2009年	2010年	2011年	2012年	2013年	2014年	2015年	2016年	均值
东部	北京	0.203	0.391	0.434	0.387	0.416	0.402	0.467	0.382	0.584	0.407
	天津	0.394	0.57	0.655	0.423	0.522	0.426	0.544	0.846	0.751	0.570
	河北	0.998	0.912	1	0.852	0.917	0.965	0.941	0.998	0.98	0.951
	辽宁	1	1	0.865	1	1	1	1	1	0.783	0.961
	上海	0.347	0.465	0.378	0.339	0.505	0.749	0.63	0.818	0.663	0.544
	江苏	0.879	1	0.882	0.786	0.763	0.512	0.732	1	1	0.839
	浙江	0.553	0.708	0.635	0.705	0.681	0.613	0.69	0.794	0.653	0.670
	福建	0.843	0.807	0.786	0.611	0.549	0.387	0.669	0.609	0.67	0.659
	山东	0.202	1	1	0.99	0.952	0.835	0.958	0.878	0.967	0.865
	广东	1	1	1	1	1	1	0.919	1	0.91	0.981
	海南	1	1	1	0.772	0.665	0.546	0.58	0.594	0.661	0.758
	均值	0.674	0.805	0.785	0.715	0.725	0.676	0.739	0.811	0.784	0.746
中部	山西	0.774	1	1	1	1	1	0.967	0.987	0.89	0.958
	吉林	0.862	0.965	0.893	0.697	0.943	0.971	0.947	0.936	1	0.913
	黑龙江	0.655	0.997	1	0.881	1	0.981	0.956	0.969	1	0.938
	安徽	0.922	0.932	0.991	0.894	0.855	0.79	1	1	1	0.932
	江西	0.939	0.962	0.988	0.974	0.928	0.906	1	1	1	0.966
	河南	1	0.841	0.729	1	1	1	1	1	1	0.952
	湖北	1	0.985	0.878	1	1	0.952	0.736	0.85	0.961	0.929
	湖南	0.919	0.951	0.903	0.82	0.997	0.886	1	0.901	0.951	0.925
	均值	0.884	0.954	0.923	0.908	0.965	0.936	0.951	0.955	0.975	0.939

续表

省份		2008年	2009年	2010年	2011年	2012年	2013年	2014年	2015年	2016年	均值
西部	内蒙古	0.978	0.926	0.789	0.861	0.836	0.829	1	0.687	0.64	0.838
	广西	1	1	1	1	1	0.93	0.85	0.934	0.855	0.952
	重庆	0.982	1	1	0.972	0.969	0.996	0.892	0.98	0.918	0.968
	四川	0.932	0.918	0.974	0.995	0.99	0.997	1	0.938	0.974	0.969
	贵州	0.718	0.816	1	0.987	1	0.963	0.835	0.812	0.711	0.871
	云南	0.85	1	0.992	0.993	0.754	1	0.751	0.807	0.839	0.887
	西藏	1	0.796	1	1	0.95	1	0.462	0.604	0.518	0.814
	陕西	0.956	0.928	0.804	0.907	0.994	0.869	0.783	0.971	0.887	0.900
	甘肃	1	0.983	0.801	0.97	0.97	1	0.717	0.912	1	0.928
	青海	0.598	1	0.659	0.714	0.912	1	0.854	0.557	0.6	0.766
	宁夏	0.666	1	0.72	0.572	0.688	0.63	0.391	0.687	0.761	0.679
	新疆	0.944	0.991	0.803	0.811	0.781	0.631	0.707	0.908	0.79	0.818
	均值	0.885	0.947	0.879	0.899	0.904	0.904	0.770	0.816	0.791	0.866
全国	均值	0.81	0.898	0.857	0.836	0.856	0.831	0.806	0.85	0.836	0.842

从规模收益来看，2008 年河北、安徽、湖南、重庆、贵州、云南和陕西规模报酬递增，其他各省份规模报酬递减。2009 年河北、吉林、黑龙江、安徽、江西、河南、湖南、贵州、甘肃、新疆规模报酬递增，其他各省份规模报酬递减或规模报酬不变。2010 年江西、河南、湖南、云南规模报酬递增，其他各省份规模报酬递减或规模报酬不变。2011 年河北、安徽、湖南、四川、贵州规模报酬递增，其他省份处于规模报酬不变或递减。2012 年河北、安徽、江西、山东、陕西和甘肃规模报酬递增，其他各省份规模报酬递减或规模报酬不变。2013 年河北、吉林、安徽、江西、湖南、重庆、四川规模报酬递增，其他各省份规模报酬递减或规模报酬不变。2014 年河北、广西、重庆规模报酬递增，其他各省份规模报酬递减或规模报酬不变。2015 年河北、湖南、广西、重庆、陕西规模报酬递增，其他各省份规模报酬递减或规模报酬不变。2016 年全国 31 个省份，除了处于规模效率有效的 7 个省份外，其他各省份均处于规模报酬递减状态。因此，从全国 9 年各省份体育财政支出规模收益看，大部分省份处于规模效率递减或规模效率不变的状态。

对比前面的体育财政支出纯技术效率。从全国层面看，31 个省份九年均值纯技术效率高于规模效率，因此提升体育财政支出技术效率的重点应该是提高规模效率,同时全国层面规模收益整体上处于递减状态,因此,在当前全国整体体育财政支出总量仍不足的情况下,应该在合理控制体育财政支出规模的同时,加强体育财政支出的管理水平,并调整体育财政支出结构。从分地区层面看,东部地区九年平均纯技术效率大于规模效率,与全国层面情况一致;中部地区和西部地区九年平均纯技术效率小于规模效率,提升体育财政支出绩效的重点应该是改善纯技术效率,加强体育财政支出的管理。因此,综合看来要提升我国体育财政支出效率,一方面要加强体育财政支出管理水平,提升纯技术效率;另一方面要调整体育财政支出结构,提高规模效率。

第三节　体育财政支出效率的 Malmquist 指数分析

一、Malmquist 指数模型

Malmquist 指数是 Malmquist 于 1953 年提出来的一种测算生产率的指数,也被称为全要素生产率(total factor productivity, TFP),用于测算两个相邻的决策单元之间的投入产出效率的变化。TFP = 技术效率变化 × 技术进步变化 = 纯技术效率变化 × 规模效率变化 × 技术进步变化。TFP 大于 1,表示被评价的两个相邻决策单元之间的全要素生产率提高了;TFP 小于 1,则表示被评价的两个相邻决策单元的全要素生产率下降了。因此,常用于衡量 t 期到 $t+1$ 期的决策单元的效率变化。Malmquist 计算出来的生产效率可以被分解为两部分,一是技术效率变化,二是生产技术的变化。生产效率、技术效率和生产技术,这三者的含义是不同的,具体而言,生产效率反映的是一个决策单元的生产力水平。技术效率变化是被评价的决策单元对技术前沿面的追赶程度,反映了它的相对生产力水平。技术效率变化大于 1,表示决策单元与最优决策单元所组成的技术前沿面的距离在缩小,说明生产的组织管理水平在提高;技术效率变化小于 1,表示决策单元与最优决策单元所组成的技术前沿面的距离在扩大,说明生产组织管理水平在下降;技术效率变化等于 1,表示是生产组织的技术效率没有变化。生产技术变化是技术前沿面的变化,反映的是企业生产过程中的技术进步或者创新程度。生产技术变化大于 1,表示生产技术前沿面向外推移,生产技术取得进步;生产技术变化等

于1，表示生产技术前沿面没有变化；生产技术变化小于1，表示生产技术前沿面后移，生产技术退步。因此，本书基于 Malmquist 模型分析的体育财政支出效率是指体育财政支出生产效率的变化。因为政府体育公共服务供给效率的分析，相当于企业生产效率分析，但是又不同于企业生产。体育供给主要是由地方政府负责，为人们提供体育公共产出，满足人们强身健体群众体育、奥运争光的竞技体育需求，因而生产主体是各个省份，具体表现为各个省份的体育公共服务供给效率，即政府体育财政支出对居民健康提升和竞技争光的影响水平，是一种供给绩效。

二、Malmquist 指数结果及分析

从表 4 - 7 来看，2008 ~ 2016 年我国 31 个省份和全国层面的体育财政支出平均生产力水平（TFP）来看，TFP 均小于1，表明我国体育财政支出的生产力水平是下降的。其中，西藏的退步最严重，TFP 为 0.704，说明退步了近30%；其次是内蒙古和海南，分别退步了 25.4% 和 22.2% 。

表 4 - 7　　　　各省份 2008 ~ 2016 年体育财政支出技术效率变化均值

省份	技术效率变化	技术的变化	纯技术效率变化	规模效率变化	生产力的变化指数（TFP）
北京	1.141	0.838	1	1.141	0.957
天津	1.084	0.835	1	1.084	0.905
河北	1.016	0.802	1.018	0.998	0.815
山西	1.119	0.811	1.1	1.018	0.907
内蒙古	0.948	0.787	1	0.948	0.746
辽宁	0.97	0.853	1	0.97	0.828
吉林	1.05	0.83	1.031	1.019	0.872
黑龙江	1.076	0.834	1.021	1.054	0.897
上海	1.084	0.851	1	1.084	0.923
江苏	1.016	0.943	1	1.016	0.959
浙江	1.053	0.875	1.032	1.021	0.922
安徽	1.134	0.853	1.122	1.01	0.967
福建	0.987	0.844	1.015	0.972	0.833
江西	1.067	0.86	1.059	1.008	0.918

省份	技术效率变化	技术的变化	纯技术效率变化	规模效率变化	生产力的变化指数（TFP）
山东	1.194	0.836	0.981	1.217	0.998
河南	1	0.93	1	1	0.93
湖北	1.057	0.888	1.062	0.995	0.938
湖南	1.029	0.845	1.024	1.004	0.869
广东	0.971	0.88	0.983	0.988	0.855
广西	0.977	0.814	0.996	0.981	0.796
海南	0.929	0.837	0.978	0.949	0.778
重庆	1.016	0.836	1.024	0.992	0.849
四川	0.997	0.9	0.991	1.005	0.897
贵州	0.956	0.836	0.957	0.999	0.799
云南	0.971	0.924	0.972	0.998	0.897
西藏	0.907	0.776	0.984	0.921	0.704
陕西	1.051	0.868	1.061	0.991	0.913
甘肃	1	0.869	1	1	0.869
青海	1.008	0.832	1.008	1	0.838
宁夏	1.017	0.856	1	1.017	0.871
新疆	0.994	0.87	1.016	0.978	0.865
均值	1.024	0.851	1.013	1.011	0.872

从表 4 - 8 来看，2008～2016 年体育财政支出的生产力 TFP 也是小于 1 的，即表示从 2008～2016 年我国体育财政支出生产力水平是逐年下降的。2008～2009 年下降了 11%，2009～2010 年下降了 6.5%，2010～2011 年下降了 25%，2011～2012 年下降了 5.8%，2012～2013 年下降了 10.6%，2013～2014 年下降了 10.7%，2014～2015 年下降了 18.3%，2015～2016 年下降了 12.7%，其中 2010～2011 年下降幅度最大。

按照 FGLR 分解，TFP = 技术效率变化 × 技术变化 = 纯技术效率变化 × 规模效率变化 × 技术变化。从 2008～2016 年全国和各省份平均的纯技术效率变化、规模效率变化、技术变化来看，全国纯技术效率变化为 1.013，规模效率变化为 1.011，两者皆大于 1，表明全国平均的纯技术效率和规模效率是进步的。

表 4 - 8 体育财政支出效率的 Malmquist 指数

年份	技术效率的变化	技术的变化	纯技术效率变化	规模效率变化	生产力的变化指数
2008 ~ 2009	1.226	0.726	1.052	1.166	0.89
2009 ~ 2010	0.963	0.971	1.012	0.951	0.935
2010 ~ 2011	0.917	0.818	0.951	0.965	0.75
2011 ~ 2012	1.094	0.861	1.057	1.035	0.942
2012 ~ 2013	0.904	0.989	0.943	0.959	0.894
2013 ~ 2014	1.063	0.84	1.088	0.977	0.893
2014 ~ 2015	1.039	0.786	0.977	1.063	0.817
2015 ~ 2016	1.025	0.851	1.038	0.988	0.873

纯技术效率、规模效率和技术水平三者的变化分析。纯技术效率和规模效率，从省际空间上来看，除山东、广东、广西、海南、四川、贵州、云南、西藏的纯技术效率下降外，其他省份的纯技术效率是上升的。规模效率下降的省份有内蒙古、辽宁、福建、湖北、广东、广西、海南、重庆、贵州、云南、西藏、陕西和新疆。纯技术效率和规模效率同时下降的省份主要集中在西部地区。从年度时间上来看，纯技术效率变化表现为间歇性的上升和下降，2008 ~ 2010 年纯技术效率变化 >1，纯技术效率连续两年上升；2010 ~ 2011 年纯技术效率 <1，纯技术效率下降；2011 ~ 2012 年纯技术效率 >1，纯技术效率上升。如此反复，这与前面对纯技术效率波动式的描述一致。规模效率变化，同样呈现间歇性的上升和下降交替波动的趋势。但是总体上看，31 个省份 9 年的平均纯技术效率变化和平均规模效率变化均值大于 1，表明纯技术效率和规模效率呈现上升趋势。技术水平变化，从省际空间上来看，31 个省份的技术变化均小于 1，说明体育财政支出的生产前沿面在向后推移，生产技术退步。从年度时间上来看，技术变化指数均小于 1，说明生产前沿面在向后推移。因而，总体上看体育财政支出生产技术水平是下降的。

综上所述，从空间和时间上看，体育财政支出技术效率呈现上升增长趋势，体育财政支出的生产技术呈现下降趋势。因此，影响我国体育财政支出效率的主要是生产技术。随着国家体育财政支出的增长，体育财政支出的生产技术是退步的，这就需要体育财政支出预算执行部门，在利用财政资金生产和提供体育公共产品时，改进生产技术，提高体育财政支出效率。

第五章 我国体育财政支出存在的问题及成因

第一节 体育支出存在的问题

一、体育财政支出总量不足

20 年来我国一般公共预算体育财政支出绝对规模稳步增长，从 1998 年的 38.7 亿元增加到 2017 年的 474.85 亿元，增长了 12 倍多。但是从体育财政支出的相对规模——体育财政支出占 GDP 的比重来看，体育财政支出占国内生产总值的比重一直维持在 0.06% 左右。这与西方发达国家相比还有很大差距，西方发达国家体育财政支出占 GDP 的比重一般是 0.2% ~ 0.61%[①]，相差近 10 倍。与同样是人力资本重要组成部分的教育相比，体育的地位与其作为人类知识物质载体的从事一切人类活动物质基础的重要性严重不符。据有关数据显示，近年来国家财政性教育经费支出占 GDP 比例连续六年保持在 4% 以上，因此，国家财政性教育经费至少是体育经费的 67 倍以上。从体育财政支出占比公共财政总支出来看，2008 ~ 2017 年体育财政支出占比一般公共预算总支出年均值只有 0.25% 左右，教育财政支出占比公共预算财政总支出的年均值是 14.96%，体育支出不到教育支出的 1/60。

二、体育财政支出结构不合理

通过前面对体育支出效率的实证分析发现，从全国层面上看纯技术效率

---

① 秦小平，黎文普. 城乡体育基本公共服务均等化 [M]. 北京：北京体育大学出版社，2016.

表 5 - 1　　2008 ~ 2017 年教育和体育支出占一般公共预算总支出的比重

年份	财政总支出（亿元）	体育财政支出（亿元）	体育占比（%）	教育财政支出（亿元）	教育占比（%）
2008	62592. 66	205. 29	0. 33	9010. 21	14. 34
2009	76299. 93	238. 26	0. 31	10437. 54	13. 68
2010	89874. 16	254. 17	0. 28	12550. 02	13. 96
2011	109247. 79	266. 35	0. 24	16497. 33	15. 10
2012	125952. 97	272. 49	0. 22	21242. 10	16. 87
2013	140212. 1	299. 08	0. 21	22001. 76	15. 69
2014	151785. 56	370. 75	0. 24	23041. 71	15. 18
2015	175877. 77	356. 48	0. 20	26271. 88	14. 94
2016	187755. 21	389. 48	0. 21	28072. 78	14. 95
2017	203085. 49	474. 85	0. 23	30153. 18	14. 85

资料来源：财政部官方网站。

大于规模效率，影响全国层面体育支出技术效率的主要因素是规模效率。但同时全国大部分省份处于规模报酬递减状态，因此在当前体育财政支出绝对数不断增长的情况下，主要是体育财政支出结构影响了整体支出的技术效率，即当前体育财政支出结构不合理。这种不合理性主要表现在以下四个方面：

首先，从体育财政分类支出结构来看，竞技体育支出远高于群众体育支出。从 2010 ~ 2017 年财政部官方网站公布的数据资料计算可得，公共预算中我国竞技体育支出占比均值为 84. 4% ；群众体育支出占比均值为 15. 6% 。从公共预算群众体育支出占比总量上看，群众体育支出占比逐年略有增加，但是增长幅度不大，竞技体育支出仍远高于群众体育支出。从体育公共预算与体育彩票公益金的和来看，2008 ~ 2016 年竞技体育支出占比均值为 69. 5% ，群众体育支出占比均值为 30. 5% 。从公共预算和体育彩票公益金的支出角度来看，竞技体育支出仍高于群众体育支出。从群众体育和竞技体育的受益人数来说，群众体育支出的受益人数要高于竞技体育受益人数；从群众体育于人民群众的健身健体重要性和效果来说，也高于竞技体育的效果。当前竞技体育挤占了群众体育的资源。

其次，从地区支出结构来看，东中西部体育财政支出非均衡。东部地区人均体育财政支出水平最高。2008 ~ 2016 年，东部地区的人均体育财政支出为 57. 5 元，中部地区的人均体育财政支出为 19. 98 元，西部地区的人均体育财政支出为 37.71 元，东北地区的人均体育财政支出为 32.26 元，全国人均体育财政支出为 40.14 元。从四个区域来看，东部地区省均体育财政支出高于全国人均体育财政支出，其他的三个区域的人均体育财政支出均在全国平均水平以下，具体为西部高于东北高于中部地区。

再次，城市体育资源配置高于农村体育资源配置。无论是从体育场地总数量，还是人均体育场地面积和室内人均体育场地面积来看，城镇的体育公共服务供给在数量上和质量上都是优于农村。

最后，支出结构有待优化。一是群众体育内部支出结构有待优化。体育场地设施支出高于全民健身活动、全民健身组织和科学健身指导。2013 年全国体育彩票用于全民健身场地设施建设的资金为 21.24 亿元，用于资助全民健身活动、全民健身组织和科学健身指导的支出合计为 21.27 亿元。目前我国仍以体育场地设施建设为主。二是竞技体育内部支出结构有待优化。竞技体育运动员保障支出远低于体育竞赛和体育训练支出。大多数运动员退役后自主择业的给予一次性货币补偿，优秀运动员退役安置货币补偿费，包括基本补偿费、运龄补偿费、成绩奖励费。甘肃省 10 年运龄的奥运冠军，以基础津贴为 1000 元算，基础安置费（2 万元）＋运龄补偿费（1000 元 ×4 个月 ×10 年）＋成绩奖励（9 万元）＝15 万元①。这对于因竞技训练而缺少文化课程学习，退役后生活缺乏保障的运动员来说，在未来的几十年因伤病需要承担的医疗费用支出来说是杯水车薪。

三、体育财政支出绩效不高

本书通过对 2008 ~2016 年全国 31 个省份体育财政支出对体育发展促进作用进行回归分析，结果见表 5 –2，被解释变量为体育发展水平指数，解释变量为体育财政支出，体育系统从业人数、人均 GDP 和人口密度为控制变量，分别对它们作了取对数处理，因此系数均表示体育发展水平指数对体育财政支出、体育系统从业人数、人均 GDP 和人口密度的弹性系数，从弹性系数的符号的正负可以判断各自变量对因变量是促进作用还是抑制作用。从表 5 –2 可以看出，体育财政支出、体育系统从业人数、人均 GDP 对体育发展水

---

① 侯会生，曹丹，张凤民，吴非，王新. 我国退役待安置运动员安置影响因素分析 [J]. 西安体育学院学报，2012，29（3）：291 –294.

平起促进作用，以人口密度表示的人口规模因素是减缓体育事业发展的。从体育财政支出的系数为正数，发现体育财政支出确实能够促进体育事业发展，体育财政支出增加1%，体育发展水平提高0.147%。从体育财政支出的弹性系数仅为0.147，相对于体育系统从业人数的体育发展的促进作用弹性0.2832和人口规模因素对体育发展水平的抑制弹性 - 0.2097，体育财政支出对体育事业发展的弹性系数无论是绝对值还是相对值都较低。要提升体育发展水平，体育财政支出需要较大程度地扩大支出规模。这说明，一方面体育事业投资的周期长、见效慢，另一方面也说明体育财政支出的绩效不高。

表5 - 2　　　　　　　　体育财政支出作用体育发展的回归分析结果

变量	回归系数	标准误	t 值	P > t
体育财政支出	0.1473	0.0687	2.14	0.033
体育系统从业人数	0.2832	0.0831	3.41	0.001
人均 GDP	0.0881	0.0943	0.93	0.351
人口密度	- 0.2097	0.1176	- 1.78	0.076

四、体育财政支出技术效率前沿在倒退

技术效率的定义为给定投入情况下实际产出与前沿面上的产出之比。生产效率变化定义为 $t + 1$ 时刻的技术效率与 t 时刻的技术效率之比。当以 $t + 1$ 时刻的前沿面为参考时，能够计算出来一个 t 时期的技术效率和 $t + 1$ 时期的技术效率。为了避免在选择 t 时期还是 $t + 1$ 时期作为生产前沿测算出来的生产技术效率可能对生产技术效率变化的结果的影响，选择 t 期的技术效率变化和 $t + 1$ 期的技术效率变化的几何平均值作为 t 期和 $t + 1$ 期的生产效率变化。从而计算出来的结果为在给定投入水平下生产前沿在产出增加方向上的移动即为技术进步。因此，生产中的技术进步是指在给定投入的情况下，不同时期生产前沿上创新产出之比，如果创新产出之比大于1，则表示生产中存在着技术进步。本书中生产技术效率变化是指体育财政支出促进体育发展的效率，反映的是地方政府体育财政支出的绩效变化。从 2008 ~ 2016 年 31 个省份体育财政支出的生产技术效率（TFP）均值来看，31 个省份的 TFP 指数均小于 1，表明我国体育财政支出促进体育发展的效率是逐年下降的。从年度体育财政支出生产技术效率变化来看，

2008～2009年到2015～2016年，我国体育财政支出生产技术效率变化均小于1，表明生产技术效率逐年下降。从体育财政支出的生产效率变化构成来看，主要是由于技术进步变化引起的。

从技术进步变化的分析结果可以看出，2008～2016年，我国省际体育财政支出技术进步变化是小于1的，即技术进步变化是退步的，具体是在给定体育财政支出水平情况下，$t+1$期生产前沿上的创新产出是低于t期生产前沿上的创新产出的。如果体育事业要在$t+1$期获得更多的产出，则需要比t期投入更多的体育财政支出。从产出创新的角度，我国体育事业发展中创新产出是以群众体育和竞技体育的发展情况来衡量的，群众体育表现为国民体质监测情况等，竞技体育最重要的指标是世界冠军人数。因此，产出的扩大表现为国民体质监测情况等数量的增加和世界冠军人数的增加。我国群众体育和竞技体育的供给目前主要是由国家体育系统供给，体育系统从业人员数有限，社会体育指导员的业务技术水平有限，传统竞技体育人才培养的三集中业余体校萎缩，竞技体育后备人才输送渠道受阻，虽然国家不断增加体育财政支出，但是体育财政支出效率却不断下降。倘若不对群众体育和竞技体育的生产方式进行改变，即使国家不断增加体育财政支出，体育事业发展水平也较难提升。

五、财政对多元化体育投入的引导不足

当前我国体育发展主要是由政府部门负责供给，有限的人力、物力和财力，难以保障人们不断增长的体育公共服务需求的数量和质量，同时体育产业市场的自发繁育导致体育产业结构失衡，因而体育发展各方面都需要政府引导多主体参与体育产品和服务的供给，但是很多政策没有落到实处。

从政府补贴来看。体育产业引导资金设立的初衷是引导社会资本进入国家体育产业发展的战略薄弱环节，调整体育产业发展结构，但是从近年政府实施体育产业引导资金政策以来，因为一些问题对引导体育企业参与体育公共服务多元化供给不力。首先，体育引导资金申请项目评审缺乏量化标准，部分省市在分配体育产业引导资金时处于资金安全性考虑，将大部分资金拨付给了体育事业单位、体育社团及民办非企业，投向政府类的项目比例较高。例如，2014年山东扶持的47个项目中，17个项目拨给了运动项目协会、俱乐部等民办非企业，30个项目拨给了省市区县体育局、体育中心，而将发展

体育产业的主体——体育企业排除在外，违背了设立体育产业引导资金的初衷，对体育产业引导资金的使用也缺乏监管。部分省市相关执行科室官员，将产业引导资金作为弥补单位部门支出的不足①。另外体育产业引导资金多以直接项目资助的方式为主，资助方式单一，缺乏对体育企业实际需求的分析及运用新型金融工具对政府引导资金的市场化运作，对社会资本的引导力度有限。

税收优惠制度能为体育产业的发展提供动力支持。一方面，税收优惠可以对体育产业的收益提供一定的保障，也就能提高发展体育产业的积极性，从而加快体育产业发展的速度和规模；另一方面，税收优惠会促使大量的社会资本向体育产业转移。目前体育产业的税收优惠，主要涉及增值税、所得税、房地产税、城镇土地使用税等，但是这些都是各行各业通用的。按照体育产业分类标准，在体育产业所涵盖的 11 类中，真正属于核心体育产业的税收优惠更多的是针对体育赛事，而且根据以往的税收优惠实例，都是一些临时性的针对大型赛事的税收优惠，随着赛事的结束就消失了。经济结构转型中，未来急需发展的体育服务业，除了自 2016 年 1 月 1 日起企业拥有并运营的体育场馆，减半征收房产税和城镇土地使用税，其他并无专门的、有针对性的税收优惠政策。《国务院关于加快发展体育产业促进体育消费若干意见》强调，"充分考虑体育产业的行业特点，将体育用品业、体育服务业等内容及其支撑技术纳入国家重点支持的高新技术领域，减按 15% 的税率征收企业所得税"。这一税收优惠，虽然明确了体育公司可以申报，但是只有像探路者这些 A 股上市的大型企业才能够达到高新技术企业的认定标准，对大多数的体育中小企业的扶持力度不够。另外，我国激励体育产业发展的税收优惠多采用直接优惠，强调取得利润后的优惠，忽视了经济发展过程中对体育产业固定资产的加速折旧等相关费用的抵扣等间接优惠政策，仅限在投资期段、收效快的行业。而体育产业投资规模大、经营时间长、收益较慢，这些直接优惠方式只是对体育产业最终营业额实行优惠，缺乏对体育产业发展过程中的优惠与引导。我国体育产业发展，急需各路社会资本的进入，当前的优惠模式不利于体育产业的发展。

在职业体育领域，目前我国尚未出台关于职业体育俱乐部投融资便利政

---

① 王家宏. 我国体育产业政策实施执行的分析研究［J］. 武汉体育学院学报，2019，53（9）：5-14.

策及相应的财政税收和金融优惠政策。我国职业体育俱乐部盈利能力相对较弱，没有可供抵押的固定资产，难以获得商业银行贷款，资产规模和净利润收益率等达不到主板和债券市场融资要求。职业俱乐部的融资发展主要是依靠大型企业的风险投资，以房地产企业居多，如广州恒大、万达集团的足球俱乐部，他们把体育产业、足球产业当作一个大资本运作，但是没有将体育产业落实到运动项目产业这个根本的核心产业上来。因此，职业体育领域政府多元化投入的引导没有落到实处。

第二节　体育财政支出问题产生的原因

一、体育财权与事权不匹配

体育公共服务财权与事权极度不匹配，地方政府没有足够的财力来保障体育公共服务的供给，会导致体育公共服务供给的总量不足。体育事业的财权与事权分配是建立在理清体育系统与相关部门关系的基础之上的。[①] 群众将体育公共服务事权委托为中央政府，国务院作为中央政府机构，依照《宪法》精神对人民的体育权力予以保障。国务院直属机构——国家体育总局具体负责体育事业发展规划并监督实施等任务。财政部作为国务院组成部门，负责核准体育财政收支。体育公共服务事权在中央和地方进行划分。按照1998 年《关于国务院机构改革方案的决定》，"国家体委直接领导地方体委"改组为地方政府直接领导地方体育，国家体育总局业务指导地方体育局。因此，地方政府是地方体育公共服务事权的责任方。地方政府将体育公共服务事权委托给地方体育行政部门。通过成立体育局及各级地方体育部门，履行事责，为辖区内人民群众提供体育公共产品和服务。体育公共服务的财权在中央和地方之间分配，中央层面是财政部和国家体育总局，地方层面是地方政府和地方体育局。财政部根据国家体育总局编制的体育事业发展规划和预算，对国家体育总局拨款；地方财政部门根据地方体育事业发展规划和预算对地方体育行政部门拨款。同时中央政府或者国家体育总局根据体育事业发

---

① 易剑东，任慧涛. 事权、财权与政策规制：对中国体育公共财政的批判性阐释 [J]. 当代财经，2014（7）：21.

展的需要，通过转移支付来补充地方政府和地方体育行政部门的财力缺口（见图 5 - 1）。

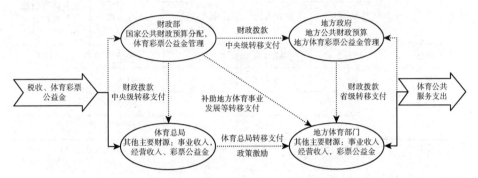

图 5 - 1 体育公共服务财政资金流动路径

体育公共服务财政支出规模反映出一级政府履行体育事权的情况。中央和地方政府的体育财政支出总量，也就是中央和地方政府所承担的体育事权的具体反映（见表 5 - 3 和表 5 - 4）。

表 5 - 3　　　　　　　　中央和地方的体育财权与事权对照

时间	财政收入		体育财政支出		地方体育财权与事权比
	中央占比（%）	地方占比（%）	中央占比（%）	地方占比（%）	
"一五"时期	77.7	22.3	33.0	67.0	1:3
"二五"时期	34.9	65.1	80.8	19.2	1:0.29
"三五"时期	27.6	72.4	16.1	83.9	1:1.6
"四五"时期	14.7	85.3	8.6	91.4	1:1.07
"五五"时期	17.8	82.2	11.2	88.8	1:1.08
1981~1985	34.9	65.1	11.9	88.1	1:1.3
1986~1990	33.4	66.6	9.4	90.6	1:1.4
1990	33.8	66.2	8.5	91.5	1:1.4
1991	29.8	70.2	7.9	92.1	1:1.3
1992	28.1	71.9	7.6	92.4	1:1.3
1993	22.0	78.0	8.9	91.1	1:1.2
1994	55.7	44.3	7.6	92.4	1:2.1

续表

时间	财政收入		体育财政支出		地方体育财权与事权比
	中央占比（%）	地方占比（%）	中央占比（%）	地方占比（%）	
1995	52.2	47.8	9.5	90.5	1:1.9
1996	49.4	50.6	7.4	92.6	1:1.8
1997	48.9	51.1	11.8	88.2	1:1.7
1998	49.5	50.5	10.8	89.2	1:1.8

资料来源：李丽，张林. 体育事业公共财政支出研究 [J]. 体育科学，2010，30 (12).

表 5 - 4　　　　　　2008 ~ 2016 年中央和地方体育事权与财权对照

年份	财政收入		体育财政支出		地方体育财权与事权比
	中央占比（%）	地方占比（%）	中央占比（%）	地方占比（%）	
2008	53.3	46.7	10.7	89.3	1:1.9
2009	52.4	47.6	12.4	87.6	1:1.8
2010	51.1	48.9	11.3	88.7	1:1.8
2011	49.4	50.6	11.2	88.8	1:1.8
2012	47.9	52.1	6.7	93.3	1:1.8
2013	46.6	53.4	8.4	91.6	1:1.7
2014	45.9	54.1	8.5	91.5	1:1.7
2015	45.5	54.5	8.9	91.1	1:1.7
2016	45.3	54.7	16.6	83.4	1:1.5

资料来源：体育财政支出中央占比和地方占比数据根据 2009 ~ 2017 年《体育事业统计年鉴》相关数据计算所得。

1994 年分税制改革后地方和中央政府的财政收入比重平均值为 47.4∶52.6，地方和中央体育事业投入的比重平均值为 86.1∶13.9。地方政府承担 86.1% 的体育事权但只拥有 47.4% 的财力，两者之间的比例由分税之前的 1∶1.3 上升为 1∶1.8。[①] 近年来，地方政府财政收入占比虽然有所上升，但是人民的体育健身需求更强，地方体育部门的事权范围在不断扩大，事权扩大的速度快于财权增长的速度。近 10 年地方体育财权与事权的比重均值为 1∶1.7。地方

---

① 李丽，张林. 体育事业公共财政支出研究 [J]. 体育科学，2010，12 (32)：22 - 28.

政府体育事权和财权不匹配，形成了事实上的体育公共服务事权下移、财权上移，地方政府没有足够的财力供给体育公共服务。

2006年的《中共中央关于构建社会主义和谐社会若干重大问题的决定》在公共财政制度方面，虽然提出要明确中央和地方事权划分，这里主要划分的是中央层面和省级层面的事权，对于各省以下事权和财权该如何划分没有作出细致的说明。2013年十八届三中全会再次提出，适度加强中央事权和支出责任，区域性公共服务作为地方事权，由此明确了省级以下体育公共服务是地方政府的事权。

以体育场地的建设为例。省级以下的地方群众体育场地投入都由各级地方政府负责，地级群众体育场地投资来源中地级政府投入最多，占比88.21%；县级群众体育场地投资来源中县级政府投入最多，占比73.12%。国家级政府命名群众体育场地的投资来源比例从中央到县级依次是1∶2.4∶24.4∶4.3。其中地级政府的投资比例最大，表明中央政府的体育事权转移给了地级政府。从中央对地方的转移支付来看，省级政府命名群众体育场地的从中央到县的投资来源比为4930∶69∶1∶0，中央政府投资份额最大，表明中央财政对地方财政转移支付力度较大；省级以下体育场地中，地级政府命名群众体育场地投资来源比为1∶1.96∶70.6∶6.5，省级转移支付份额只有1.96，远小于省级体育场地建设中，中央对省的转移支付份额；县级政府命名的群众体育场地从上到下各级政府投资来源比为1∶29.5∶69.1∶270.8，省级政府和地级政府的转移支付份额总和，也远小于省级体育场地建设中，中央对省的转移支付份额。因此，省以下体育财政转移支付没有落实到位（见表5-5）。

表5-5　　　我国各级政府命名群众体育场地投资金额及比重一览

层级	中央投入		省级投入		地级投入		县级投入	
	数额（万元）	比例（%）	数额（万元）	比例（%）	数额（万元）	比例（%）	数额（万元）	比例（%）
国家级	8890	3.11	21111	7.39	217149	75.98	38642	13.52
省级	3031500	98.6	42422	1.38	683	0.02	0	0
地级	3862	1.25	7577	2.45	272880	88.21	25027	8.09
县级	14869	0.27	436200	7.96	1021868	18.65	4006730	73.12

资料来源：李丽，张林.体育事业公共财政支出研究［J］.体育科学，2012（12）.

综上所述，地方政府以 47.4% 的财力承担了 86.1% 的体育事权，虽然中央政府试图通过转移支付手段来平衡地方体育事权与财权不匹配的局面，但是以省以下体育场地建设投资来源来看，转移支付并没有落到实处。中央财政一般转移支付的资金到达省市级时大部分又都投入了基础设施建设领域和省市级的日常行政支出。在执行中仍受到"跑部钱进"和中间省市层级的不断分配等非制度性的因素的影响，导致体育公共服务财政资金、转移支付资金难以有效到达基层。即使是规定了用途的专项转移支付资金，因为指定了具体用途，也难以用到恰到好处急需的体育公共服务上，无法填补体育公共服务资金的缺口。

总体上看，一方面，地方财权与事权不匹配，事权大于财权；另一方面，中央事权又下移到地方政府，进一步加剧了原本地方政府体育支出不足的矛盾，挤压了地方政府原本紧张的体育财政支出。体育公共服务财权与事权极度不匹配，地方政府没有足够的财力来保障体育公共服务的供给，必然会导致体育公共服务供给的总量不足。

二、体育财政支出坚持"效率优先"原则

从前面体育财政支出的分类结构可以看出我国体育财政支出向竞技体育倾斜，竞技体育财政支出远高于群众体育财政支出。

一是竞技体育优先群众体育。计划经济时期，体育基本由政府包办，全部由单位组织发展，社会个体都属于特定的单位。在"缩短战线、保证重点"，优先发展竞技体育的原则下，体育系统内公共资源优先保障竞技体育发展。群众体育实行国家体委领导下的分工负责制，提出群众体育大家办，把群众体育工作分解给社会各行各业、各部门和群众体育团体来负责。各单位系统中从中央机关到地方基层部门都有体育组织，以行政手段来发展群众体育。从国家体育行政部门的角度，群众体育工作落到了群众所在的单位中，由各单位支出保障供给。各单位体育工作基本统一，职工都能公平地享有群众体育公共服务。但是这时的群众体育工作被国家办成了国家的体育，而不是人民的体育，群众体育决策由上向下，不是自下而上。

二是城市体育优先于农村体育。改革开放后，群众体育迅速恢复。国家体委尝试恢复体委领导下的分工负责制，但是计划经济时期的单位和公社制已经不存在了，群众体育失去了社会基础，处于无人组织的状态。此

时的群众体育社会化，要求尽可能地自办体育，自建活动场所，成立了许多体育站、活动点。城市居民以社区为居住和管理单位，政府部门以社区为单位，设置群众体育活动站点来开展群众体育工作。但是农村却没有这样的条件。在计划经济时期，农民所依靠的管理组织是生产大队和公社。改革开放后，农民发展生产的积极性大大提高，以家庭为单位生产，集体活动的模式越来越小，农村管理组织——村委会、妇联等社会力量几乎没有被赋予开展体育活动的职能，体育基本处于工作中可有可无的边缘。政府力量的萎缩、社会力量的软弱，使农村体育处于"缺位性"管理状态，与城市体育形成巨大反差。① 城市体育依托良好的社区文化和城市优越的体育资源，在居民自己组织，政府对社区管理和资助下迅速壮大，城市体育因为有政府财政的支持而得到了延续，而农村的体育工作因为基层体育组织的缺乏和缺乏重视，结果是农村体育几乎是一片空白，仅能见到的是每年或者几年一次的农民运动会。效率优先城乡二元分治模式下，城市优先于农村发展，造成城市体育发展的效率远高于农村体育。加之，城乡经济差异，经济发展水平不同，人们对体育的认知存在差异，对体育需求程度不同，无形中加剧了政府弱化农村体育工作。

　　三是经济发达地区优先于欠发达地区。改革开放以来，由于自然地缘因素以及"先富带动后富"，形成了东部、中部和西部地区经济的不平衡发展，而且这种不平衡和差距随着经济发展呈现扩大趋势，因此也决定了东中西部地区政府间在发展体育事业时，面对的是有着较大差距的经济条件和社会条件。一方面，经济不发达地区缺少发展体育产业的启动资金和物质基础。地方财政收入总量小，拿不出更多的钱来发展体育事业。② 另一方面，经济发展地区人们又向体育提出新的需求。体育供给规模是随着物质生产的发展和人们生活体育需要的扩大而逐渐形成的。东部地区经济的发展，使人们的收入普遍高于全国平均水平，人们在解决了基本温饱等生存需求后，作为丰富生活、增进健康的体育需求会凸显出来，从而要求政府和社会供给体育公共服务。随着地区经济发展差距的扩大，东中西部地区人们的体育公共服务需求差异不断扩大，政府回应人们体育需求的体

---

　　① 中国体育科学学会体育管理学分会. 和谐社会与体育管理：2006 年全国体育管理科学大会论文集 [M]. 北京：北京体育大学出版社，2008.

　　② 王天军，王珏瑞. 试论我国东西部经济发展差异与西部体育产业开发 [J]. 哈尔滨体育学院学报，2001（3）.

育公共服务供给差距也会不断拉大。另外，从国家公共体育投资来说，"效率优先"的理念下，将有限的稀缺资源投入能够带动最大范围内的发展区域上。投入同样的体育资源，城市社区、东部地区的效率要比农村和中西部地区高出许多，因此从国家整体角度俯视体育发展，也会加强城市和东部体育公共服务供给的集聚效应，从而表现出来的结果是东中西部地区的体育公共服务供给差距。

三、政府体育支出重政绩轻"以人为本"

"以人为本"是指在体育事业发展中应突出人民主体性，重点关注人民群众的体育需求，综合考虑不同主体，包括国家、民族和个人（运动员）的需求。中国体育界以奥运会、全运会奖牌衡量体育政绩而忽视群众体育。各省市将全运会总分作为评估体育政绩的唯一标准，以至于各市领导压力过大，为了争取奖牌，都习惯了甚至自觉把竞技体育当作工作的重点。体育管理者掌握着政策的制定权、经费的分配权、掌握着裁判员、教练员的命运等许多权力。政府官员本应该是代理广大人民行使行政权力，但是官员作为个体，在政治市场的经济人理性下，在行使权力中，追求高效率、看重管理效益和自身政绩，从思想到行动上急功近利。因为竞技体育成绩背后还牵扯一条完整的利益链条：有一个说法，运动员脖子上的牌子，等于自己的房子、教练的票子、领导的位子和地方的面子。展现竞技体育成绩所依托的在国家层面是奥运会，省一级是全运会，这两场赛事决定了体育官员的经费、奖金、职称和待遇。而群众体育方面，缺乏政绩激励机制和绩效评价机制，且群众体育涉及范围大、对象多、绩效不易察觉，即使做了很多工作，也难以量化。各方面原因使体育资源向竞技体育倾斜，与国家在竞技体育运动员身上的高投入相比，群众体育健身设施、服务的投入方面明显不足，群众基本的体育健身需求难以得到满足。因此，综合表现为用于竞技体育赛事的大型体育场馆利用率不高，而广大人民群众期盼的健身场地不足。群众体育的其他方面，包括体育活动组织、体育健身指导、国民体质监测更是可望而不可即。

在竞技体育运动员训练上，教练员的训练理念对运动员培养有着直接的影响。教练员的命运也是掌握在体育部门官员的手中，对教练员考核标准自上而下地传递着政绩的影子。对我国运动员培养来说，教练员基于自身的价值观，对运动员竞技训练和文化课程学习二者时间如何分配，运动员采用何种训练模式来提高运动成绩等，教练员有重要的话语权。在金牌至上的体育政绩观下，大多数运动员的文化学习是置于竞技训练之后的，随之而来的是运动员除了比赛之外，无一技之长。优秀运动员所在的优秀运动队是体育行政部门的全额拨款事业单位，其编制和经费是一定的，退役后要让出队内编制给年轻运动员，也就意味着运动员退役后在运动生涯所形成的身体上的伤痛医治费用需要个人承担。这种重视政绩、忽视运动员人生发展的现实，形成了退役运动员与政府之间的矛盾：运动员将人生中长身体长知识的最好时间放在竞技训练上，而忽视了文化学习、学历教育，退役后再就业渠道受阻，个人医疗支出造成生活成本较高，退役后运动员生活陷入窘境，长此以往将可能导致我国竞技体育持续发展出现人才危机。

四、体育财政支出绩效管理重视程度不够

首先，在前期预算绩效目标设计方面重视程度不够。表现在：第一，当前我国群众体育财政支出绩效目标虚化。体育财政支出的归宿是提供体育公共服务，应以满足大多数的普通居民的体育需求为准，如公共体育健身设施的完善情况、体育活动的组织情况、体育健身指导情况。但是由于我国体育财政支出向竞技体育倾斜，以竞技体育奖牌获得数来衡量体育公共服务的绩效，群众体育支出目标虚化，多以定性指标为主，普通人民关注的体育场地、体育活动组织、体育健身指导等公共服务的质量没有列入绩效目标考核的范畴。第二，体育绩效指标设计科学性存疑。全国各省市经济社会发展水平不一致，体育发展的基础不同，且由于体育行业的特殊性，专业机构在介入体育财政支出绩效时过度以体育行政部门的日常工作基础数据为依托，以被评价单位提供的工作总结作为评价指标选取的依据，使指标多被动地由被评价单位确定，形成了事实上的"内部人控制"，各地体育财政支出绩效评价指标百花齐放。在体育绩效目标设计方面存在差异，指标就缺乏客观性和独立性。再加之体育财政支出绩效评价中所采用的评价方法不同，评价结果也会有差异，因此，使评价的结论缺乏权威性，使不同层级单位整体预算、部门预算以及项目预算和同一部门、同一项目不同年份的绩效评价结果无法进行比较，全国范围内各省市之间更无法比

较。因而，也无法激发体育部门提高体育财政支出绩效的积极性。

其次，在绩效管理程序上重视不够。长期以来，体育事业重支出轻管理，对绩效管理缺乏深入理解和充分认识，认为绩效评价是多此一举，绩效管理是财务部门的工作，体育财政支出多以事后评价为主，是对预算执行完成情况进行评估。但是事后评价时体育财政支出已经形成了产出，事后监管的滞后性，使其对预算执行的纠偏和预防作用有限，更多的是从审计角度审查资金的合规性、安全性，而忽视了资金的使用在多大程度上改善了民生。

最后，在绩效评价结果的运用机制不完善。国家推进预算支出绩效评价的目的是为了有效利用绩效评价结果，提高体育财政支出管理绩效，而现实的绩效评价中普遍存在为了评价而评价。在评价结束后，绩效评价报告就被束之高阁了，之后绩效评价结果与预算安排的结合正向激励不足。我国实行的是"基数加增长"的增量式财政预算，体育事业发展日常活动所需的预算是呈现刚性增长态势，体育预算单位与财政部门就节约体育财政支出是否会导致下一年度预算额度削减间进行着博弈，也会影响体育预算部门节支增绩的积极性。

五、产业引导资金使用定位不准及税收优惠不健全

目前社会各界对体育产业的理解各不相同。一部分学者所说的体育产业，是指广义的体育产业，包括目前主要由国家保障供给的公共属性的体育事业和市场经营属性的体育产业。本书所定义的体育产业是根据国家体育总局定义的体育产业，按照分类主要内容包含体育制造业和体育服务业。我国体育产业领域两只手在发力，一个是政府，一个是市场，可能会极大地快速促进体育产业发展，也可能带来一些混乱。由于对体育产业定义认识上的不同见解，导致我国体育产业引导资金使用不规范，将体育产业引导资金投入到了事业领域。体育产业引导资金是有别于全国体育公共财政支出的，各省份主要通过投资于有关体育项目，通过引导效应、杠杆效应、调节效应和乘数效应发挥引导社会资本参与投入体育产业发展，具有产业杠杆资本性质，而全国公共体育财政支出则囊括了行政运行、行政管理、机关服务和其他体育支出等产业事业型支出。因此，各省份的体育产业引导资金主要是作用于体育产业融资。对体育产业引导资金定位不准，就会

出现该用于支持体育产业发展的资金，最终流向了不合理的方向，甚至滋生腐败现象。

在市场经济条件下，税收分配与价格机制相互配合，在很大程度上影响或决定着社会的投资方向和规模，当有关促进体育产业发展的税收优惠政策实施后，各市场主体便进行经济利益的权衡，在可预见的巨大经济利益驱动下，必然会有一部分市场主体转而投身于体育产业。税负是体育产业发展中潜在的投资主体考虑的一个重要问题，虽然近年来国家在政策层面上出台了一些促进体育产业发展的建议，但是极少落实到位。我国体育产业发展滞后于经济体制。体育产业中体育服务业发展滞后于体育用品制造，体育服务业是未来我国体育产业发展的主要方向，也是政府着力引导社会资金投入的方向。但是体育服务业作为新兴产业，如体育娱乐业、体育健身业、体育传媒业等是多领域的交叉行业，其税收优惠政策更加滞后。如何界定哪些类型的企业属于体育服务业，以及体育服务业中各类企业应该享受各种税收优惠都亟待明确确定，都必须明确规定并加以落实，健全我国体育产业税收优惠政策体系。

第六章　国外体育发展财政支出的经验借鉴

第一节　政府与社会结合型的英国和日本体育

一、英国体育管理体制

英国政府没有专门的体育部门。英国对体育的管理是归属于文化传媒和体育部（Department for Digital Culture Media & Sport，DCMS），设有体育内阁，内阁成员由 DCMS 的大臣组成。DCMS 主要是确定体育战略重点、制定体育政策和指导方针及国家对体育的财政支持。DCMS 运作机制是凭借政府拨款，一方面，与其他政府部门合作，制定体育事务相关的宏观政策，如同教育与就业部合作，保证青少年接受体育教育的机会，培养他们终身体育的习惯；与环境部合作，鼓励地方政府修建体育场馆；另一方面，英国体育理事会和英格兰体育理事会分别负责英国全国的竞技体育和群众体育工作，与区域层面的四大区域理事会（英格兰、苏格兰、北爱尔兰、威尔士）合作，通过对地方体育工作拨款来启动并支持一系列的重要体育计划项目，推动体育事业发展。英国体育理事会和四大区理事会同属于政府组织，但是工作人员通过社会公开招聘，使其具有社会组织的属性。

英国体育理事会和英格兰体育理事会与非政府组织——英国奥林匹克委员会、全国性单项运动协会、大不列颠大学体育联合会、青年体育基金会等一起管理英国体育事务。英国政府为把社会组织引入公共项目的承接和运作，由政府和社会体育组织共同协商达成了相应的法律和非正式协议《政府与志愿及社区组织合作框架协议》，协议中明确了政府和社会组织的关系，规定了社会组织在参与公共治理中享有的权利和必须履行的职责，政府与社会组织之间是公平合作的关系，以及二者在产生冲突时应该秉承相互理解的原则。

在协议中规定了社会组织寻求政府资助的途径和方式。英国内政部负责政府对社会组织的指导、推进、支持、协调和相关法规及政策的制定与修改。①

英国政府部门为保障青少年体育参与，负责体育工作的文化传媒与体育部与教育部门合作，在政策上实行学校与校外体育部联合培养计划，到 2008 年青少年体育俱乐部参与率为 27%，平均每所中小学与体育俱乐部合作的项目增加到 5 个②。在资金上教育部设立了青少年体育基金会。青少年体育基金会是英国青少年运动员培养非常重要的一个组织，因为它为普通学校的学生打通了通往竞技体育后备人才的通路。青少年体育基金会负责学校体育与学校当地俱乐部之间的联系工作以及校际体育比赛。体育俱乐部为学生提供在学校体育教育之外专业化的训练。英国竞技体育后备人才培养最基层的组织是俱乐部，从社区体育俱乐部到区域体育俱乐部，再到联邦单项体育协会。因此，英国竞技体育人才培养的一般路径也是校际体育比赛——社区体育俱乐部——区域体育俱乐部——国家单项体育俱乐部，当运动员进入区域体育俱乐部进行专业化培养时，就可以看作是有专业水准的运动员了。俱乐部模式在英国竞技体育人才培养中具有重要地位。③英国是联邦制，区域体育俱乐部是指英国的四个成员国俱乐部，即英格兰、苏格兰、北爱尔兰和威尔士的单项体育协会。这四个协会分别负责该地区的竞技体育运动员的培养，培养经费来自英国体育彩票。

因为俱乐部一般是由社会力量举办的，从英国的竞技体育俱乐部式的人才培养模式可以看出，基础阶段的运动员基本都是要付费给俱乐部接受专业化培养的。除了常规路径的培养模式外，掺插其中的是精英青少年运动员培养，也就是天才运动员培养计划。在英国，距离奥运会 8～10 年前选择某些有潜质的儿童以及青少年，政府为他们设置各种奖励，资助他们的生活和训练支出，以备奥运会。因此，整个英国竞技体育人才培养体系，从培养水平来讲，可以分为两个层次：一是基础和参与层次的，依托学校和社区俱乐部，由英国青少年体育基金会给予资助；二是竞技与精英层次的，由 NGBs（国

①　刘尚希等. 培育和发展社会组织财税政策研究 基于对潍坊市的调查与思考［M］. 北京：当代中国出版社，2013.

②　DCMS. Creating a sporting habit for life ［EB/OL］. http：//www. sportengland. org/about _ us/idoc. ashx? do-cid ＝9f21976f－88d3－4bc6－9b31－388b763d658b&. version ＝－1，2012－01－01.

③　唐丽，吴希林，刘云. 英国竞技体育人才培养及启示［J］. 体育与科学，2014，35（5）：80－84.

家单项体育协会）和地区单项俱乐部负责，处在较高水平的运动员及其运动训练可以获得英国体育理事会提供的专项发展基金的资助。① 由此构成了完善的高水平运动员培养架构。英国政府竞技体育人才从基层到顶层的资助模式，在某种程度上可以称其为"举国体制"。

在群众体育方面，英国在 1995 年出台的《体育：发展游戏》（Sport：raising the game）中对中央和地方的体育事权进行了划分，中央政府负责群众体育政策法规和发展规划的制定，而具体的体育事权由地方政府承担，中央政府与地方政府之间通过资金预算和评估来联系。在地方政府层面，四个成员的理事会与地方政府之间通过项目协议来供给体育公共服务，如 2010 年英格兰体育理事会安排了约 9000 英镑来补助学校体育场馆设施对外开放。②

二、英国体育财政支出分析

英国文化、媒介和体育部对体育的拨款是通过英国体育理事会进行的。英国理事会将中央政府拨款在英国体育理事会、英格兰体育理事会、苏格兰体育理事会、爱尔兰理事会和威尔士体育理事会之间进行分配。英国高水平竞技体育人才培养的资金来源有国库基金和彩票基金。

彩票公益金是高水平竞技体育人才培养资金的主要来源。英国体育彩票公益金支出会分配到几大领域，用于体育支出的部分，主要用来促进公民的体育参与、体育场馆设施的建设和运动员激励。其中，对运动员的激励是通过两个计划来实施的——世界级表现计划和世界级赛会计划。世界级赛会计划资助的目的是支持各单项运动项目积极为英国争取国际大型赛事的举办权，如世界范围内的奥运会、各种杯赛等。世界级表现计划（WCP）资助主要用于资助运动员和奥运会、残奥会。对运动员的资助是依托于各单项运动体育协会，由单项运动协会在年度计划书中就年度运作中如何培养站上世界级领奖台的选手或有望站上领奖台的选手进行全面详细的说明。年度计划书中还要明确列出这一年度运动员的赛事安排、训练计划、运动员目前成绩分析以

① 樊伟. 英国竞技体育管理给予我们的启示 [J]. 体育与科学, 2013, 34 (1)：112 – 114.

② 唐胜英，Elizabeth·Pike. 英国大众体育场地设施的供给、管理与使用 [J]. 体育与科学, 2015, 36 (2)：94 – 100.

及运动员成绩表现的具体目标。① 获得资助用于为运动员提供全方位的运动训练设施、一流的教练员、科学地运动训练技能和医疗支持等。最终还要对年度计划中的内容进行定期评估。

英国体育理事会（UK Sport）一般会围绕一个奥运周期，将资金重点投向最有可能拿到奖牌的运动员和传统优势项目。② 2006 年 4 月 1 日之前，运动员中发展型（development）和才能型（talent）潜力选手训练的资助是由四个成员的理事会予以资助的。2006 年 4 月 1 日以后，由英国体育理事会负责资助从发展型（develop pment）、才能型（talent）潜力选手到领奖台（Podium）选手训练。除了对运动员的资助外，还为运动员的优异表现提供奖励（APA），这部分奖励资助只来自彩票公益金支出。原则上所有运动员都有资格申请，但是申请的条件与运动员的竞技表现直接挂钩，奖励直接付给运动员本人，分为 A、B 两类。其中，A 类包括奥运会和成人世界锦标赛，或者是残奥会和成人世界锦标赛金牌获得者，资助标准最高为 28000 英镑；B 类是奥运会、残奥会或者成人世界锦标赛前八的奖牌获得者，最高可获得 21500 英镑。

国库基金是英国体育资金的又一重要来源，用于弥补体育彩票公益金的不足。但是与体育彩票公益金支持的范围有所不同，国库基金仍然是依托单项体育协会进行资助，其资助的是单项体育协会组织本身，如单项运动协会的人员和组织管理、单项体育运动协会的现代化、教练员的发展及与其他单项体育协会合作的组织，如教练员协会和国家运动医学中心。

英国的群众体育工作由英格兰体育理事会负责管理，在四大成员中英格兰体育理事会的作用更为突出。它主要是根据英国文化传媒与体育部制定的体育发展规划，制定群众体育方面的具体发展规划并负责组织实施。它是非政府的公共组织，由政府出资，其收入主要来自政府基金和拨款补助（见图 6 - 1）。③ 近年来，这部分经费总量不断增加。国家体育彩票资助从 2010 ~ 2011 年的 13320 万英镑增加到 2015 ~ 2016 年的 23950 万英镑，政府财政拨款

① 卢文云，陈宁，龚文平 . 英国高水平竞技体育人才培养的 LTAD 模式研究 ［J］. 体育与科学，2013，34（5）：62 - 68.

② 甄媛圆 . 英国竞技体育崛起的原因及启示 ［J］. 山东体育学院学报，2017，33（5）：15 - 19.

③ 杨鸣，冯晓露，徐校飞，李征，樊小玲，韩红升 . 英国群众体育发展战略的实现路径：基于英格兰体育理事会的实践 ［J］. 武汉体育学院学报，2018，52（6）：26 - 31.

补助从 2010~2011 年的 12149 万英镑下降到 2015~2016 年的 9390 万英镑。资金分配按照英格兰体育理事会和英国体育理事会共同制定《体育管理准则》（A code for Sports Governance）执行。各实施组织，根据《体育管理准则》向英格兰体育理事会申请资助。《体育管理准则》明确规定了申请者组织架构、项目执行标准、透明性、责任和财务状况。符合条件的申请者才能获得英格兰理事会的资助。

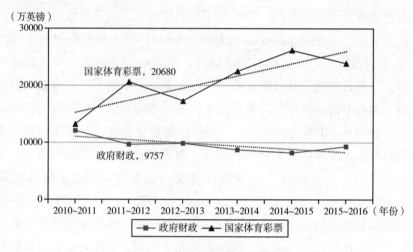

图 6-1 英国群众体育支出情况

三、日本体育管理体制

根据日本《体育振兴法》，日本体育管理同样采取的是政府与社团结合型。国家层面体育主管机构是文部科学省体育局，地方体育主管机构是地方自治体的教育委员会。文部科学省和都道府县政府分别设置了中央教育审议会和地方体育审议会，根据日本《行政组织法》第 8 条的规定，经审议通过以后所形成的审议方案才具有法律效力，日本体育行政机构在制定体育政策计划时必须征求体育审议会的意见。日本体育事务的具体管理工作主要由以日本奥委会和日本体育协会为主的体育组织来承担。以文部科学省和地方自治体教育委员会为主体的政府体育行政机构，通过制定政策法规、监督体育事业发展，以及在政府与不同体育组织之间进行信息沟通和联络来发挥作用。社会体育社团与政府体育部门属于一种协定关系，无领导与被领导的关系，通过委托、补助、资助等形式"协动"发展。

　　从体育管理的行政架构来看，日本奥委会和日本体育协会是文部省下辖的公益法人，对这两大组织履行体育事业发展职能所需的预算由文部科学省支出。因此，实质上这两大组织是日本体育行政部门的组成部分（见图6-2）。①日本体育协会主管各项俱乐部并提供群众体育服务，负责召开国民体育大会、承担着培养体育指导员、推动各地建设综合型社区体育俱乐部、开展国际体育交流等工作。② 日本竞技体育工作是由奥委会负责协调，依托各类体育协会来开展，以协会为单位组织比赛，从国内比赛中选拔优秀运动员代表日本参加国际比赛。③ 全国性的单项体育协会、体育联合会是日本体育协会的会员，在各级地方设立相应的体协和体联，基层是体育俱乐部。④ 日本体育事业发展以学校为中心。在群众体育方面，学校的体育设施对外开放为居民健身提供了场地设施条件，在日本有66%的体育设施分布在各级学校，分布在其他地方的公共体育设施远少于学校对外开放的体育场地设施，约占23.6%，再就是社会力量提供的体育设施。⑤

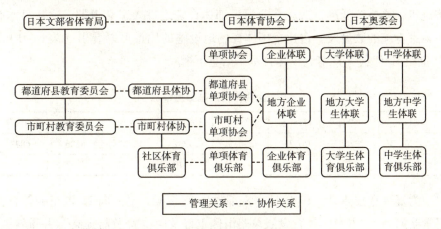

图6-2　日本体育管理组织结构

　　① 尹晓峰. 日本体育法规及政策制度的发展动向［J］. 体育科研, 2009, 30（5）: 34-40, 59.

　　② 王占坤. 发达国家公共体育服务体系建设经验及对我国的启示［J］. 体育科学, 2017, 37（5）: 32-47.

　　③ 张琴, 易剑东. 体育治理结构的域外经验与中国镜鉴［J］. 体育学刊, 2017, 24（5）: 41-47.

　　④ 沈娟. 日本社会体育发展的特征、问题及对中国的启示［J］. 南京体育学院学报（社会科学版）, 2016, 30（6）: 34-39.

　　⑤ ［日］佐藤臣彦, 周爱光, 陆作生. 日本社会体育的新进展［J］. 体育学刊, 2007（9）: 20-23.

四、日本体育财政支出分析

第二次世界大战后，日本急需借助奥运会这个国际平台来宣示日本在国际事务中的回归，同时借助辉煌的奥运成绩来给国人树立民族自信，日本政府采取申办、筹办和强化奥运项目训练的等措施，优先支持竞技体育发展。1959 年日本东京获得了第 17 届奥运会的主办权。随后日本政府投入了大量的物力和财力用于竞技体育发展。日本在 1964 年东京奥运会上取得了历史上最好的金牌排名第三的优异成绩。1964 年东京奥运会后，日本陆续出台了促进群众体育普及的一系列措施。当时正值 20 世纪 60 年代日本经济的飞速发展，1968 年日本 GDP 世界排名第二，这一时期日本政府以公共体育设施建设为重点完善群众体育发展环境，体育场地设施数量激增。竞技体育主要依托企业体育俱乐部培养高水平运行选手。但是 20 世纪 70 年代，日本遭遇了经济危机，并持续低迷，造成企业俱乐部体育随之进入了衰退期。这从日本企业体育设施的数量及其占比全国体育场地设施的比重可以看出（表 6－1）。[①]20 世纪 80 年代，日本竞技体育水平严重下滑。

表 6－1　　　　　　　　　日本企业体育设施数量情况

项目	1969 年	1975 年	1980 年	1985 年	1996 年	2002 年	2008 年
数量	23768	26873	29013	29332	12737	8286	6827
比例（%）	16.1	14.3	13.3	10	4.9	3.5	3.1

为复兴竞技体育，1989 日本文部省发表了《关于面向 21 世纪的体育振兴策略》，标志着日本体育发展策略由侧重普及向"普及与提高"并重转变。为实施体育振兴计划筹措资金，日本政府在保证基本预算外，1990 年设立了体育振兴基金，1992 年颁布了"关于体育振兴彩票实施"等的法律，1998年设立了体育振兴彩票制度。但是竞技体育水平的提升都是时间加训练积累才能实现的，20 世纪 90 年代日本奥运成绩表明（见图 6－3），竞技水平还没有恢复到六七十年代水平。为了弥补企业俱乐部在人才培养方面衰退后的空白，1995 年起日本政府开始创办综合性社区体育俱乐部，肩负起日本体育发

---

① 日本文部科学省. 体育・スポーツ施設調査年次統計表［EB/OL］. http：//www.mext.go.jp/b_menu/toukei/chousa04/shisetsu/kekka/1261398.htm，2012－08－10.

展的重要任务。综合性社区体育俱乐部由居民团体组织自主经营管理，资金来源为会员会费、政府彩票受益补助金、会员赞助费、捐赠、财团资助、企业补助等。①

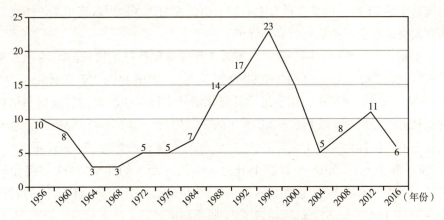

图 6 – 3　1956～2016 年日本奥运会金牌榜排名情况

　　进入 21 世纪，综合国民诉求和政治因素的考量，日本政府感受到了不得不作出改变。2000 年日本政府颁布了《体育振兴基本计划》，从少年儿童抓起，建立一条龙的训练体系，在各个竞技项目中进行有针对性的训练，构建高水平运动员训练体系，完善训练基地。2008 年日本国家训练中心、日本国家体育科研中心同时开放，为日本竞技体育提供支援。同时，规定 2010 年前日本全国各市町村至少要建立一个综合型区域体育俱乐部。综合型社区体育俱乐部有专业的指导员，能保证活动的连续性，使学生们不仅在学校的体育俱乐部，即使在家里也能利用社区俱乐部的资源得到连续指导，有利于优秀运动员的培养和选拔。综合型体育俱乐部还可以满足区域内任何人都可以根据自身的年龄和兴趣爱好，任何时候都能进行体育活动的需要。2014 年起，代表日本出战国际大赛的运动员，其国际差旅乃至强化训练费用，是由国家拨付税金，由国民供养，名曰"强化助成金"。以前，平时身为企业员工的羽毛球运动员的日常身份是企业员工，他们每赴东京集训，要自己支付吃住行和场地租用费，昂贵的费用让他们叫苦不迭；如今，日本队员在这些方面只需负担最基本的费用，其他的支出由国家承担。近年来，日本竞技体育成

① 于文谦，韩伟，王乐. 日本综合性社区体育俱乐部的发展 [J]. 体育学刊，2007（7）：43 – 45.

绩逐步回升，2016 年里约奥运会上金牌榜排名第六。至此，日本体育发展经历了 20 世纪 50~60 年代竞技体育优先发展的上升期，20 世纪 70~90 年代侧重群众体育发展、实行竞技体育依托企业俱乐部的回落期，再到国家财政重点支持下的 21 世纪的竞技体育上升期。由此说明，国家财政支出是一国竞技体育发展最重要、最稳定可靠的保障。

根据日本体育厅官网公示，日本近 3 年体育预算持续增长。2015 年日本体育预算为 290 亿日元（约 2 亿 9000 万美元），2016 年为 367 亿日元（约 3 亿 6700 万美元）。其中，用于运动员强化活动支援、年轻运动员发掘和培养的竞技力提升事业的支出，从 2015 年的 74 亿日元（约 7400 万美元），急剧增长为 103 亿日元（约 1 亿美元）。2017 年日本体育预算为 334 亿日元（约 3 亿 3400 万美元），2018 年继续上升为 339 亿日元（约 3 亿 3900 万美元）。2020 年为日本作为东道主举办第 32 届夏季奥运会，日本奥运代表团的目标是夺得 30 枚金牌。这个目标超越了 31 届里约奥运会上排名第二中国的 26 枚金牌。日本体育近几年来突飞猛进，2012 年伦敦奥运会上日本获得 7 枚金牌，2016 年里约奥运会上获得 12 枚金牌。而且在一些中国的传统优势项目上也具备了一定的夺金能力，加之东京奥运会上新加入的包括攀岩和棒垒球的五项竞技项目是日本的优势项目，日本在 2020 年东京奥运会上立下的 30 枚金牌目标还是有望达成的。由此可以预见，未来两年日本的体育预算仍将持续递增。[①]

第二节 社会管理型的美国体育

一、美国体育管理体制

美国是联邦制国家。联邦体制的分权制衡思想使政府支出和规模受到限制，有限政府观念根深蒂固，政府职能是掌舵而不是划桨，影响了美国的体育管理体制。联邦和各州之间不是中央与地方的关系，而是政治权利分享。联邦各级政府中没有专门的体育行政管理部门，没有自上而下完全的行政机构来履行体育事务。从州到地方的体育与休闲委员会的人员配备来看，更准

---

① 日本体育厅官网，https://www.jsports.co.jp/english/.

确地来说应该是一个社会组织，因而美国的体育事务管理更多地是依靠社会组织在发挥作用。美国政府主要负责国家体育政策的制定和实施、体育资源的配置以及具体体育事务的管理工作，各级政府与体育社会组织共同合作、紧密联系。①

　　美国联邦政府虽然形式上没有唯一的体育行政管理部门，但是并不是不参与体育事务的管理，也不意味着地方政府中没有管理体育公共服务的组织（见图6-4）。联邦政府中由70多个机构或多或少的与体育有关，其中最主要的是12个部门，这12个部门中，有8个部门与大众体育相关，1个是总统"体质与体育"委员会，1个是卫生与公共事业部，其余6个部门负责修建与维护运动休闲体育场地设施。因此，综合以上8个部门的职能分析，美国政府参与大众体育管理，一是修建体育场地设施，二是卫生与公共事业部制定大众体育政策目标、制定大众体育锻炼标准和大众健康行为调查。自1979年以来，卫生与公共事业部每10年以健康公民计划的形式，颁布一次大众健康政策。这个计划不是自上而下制定的，而是自下而上产生的。在竞技体育方面，1978年通过的美国《业余体育法》赋予了美国奥委会通过所属体育组织

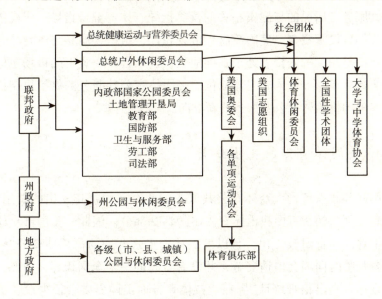

图6-4　美国体育管理结构

① 王占坤. 发达国家公共体育服务体系建设经验及对我国的启示［J］. 体育科学，2017，37（5）：32-47.

推动竞技体育发展的职能。美国奥委会全权负责选拔奥运选手、管理国家奥运代表队、筹集国家奥运队的短期集训资金。资金来源于个体公民捐赠、赞助、特许使用费、商业经营等。奥委会下属的各单项运动协会负责各自的运动项目发展。随着竞技体育的政治功能有增无减，美国政府也开始对竞技体育发展进行资助。

美国体育公共服务供给方式主要形式有租赁合同、特许经营和使用者付费等。租赁合同是指政府把土地租赁给市场主体，约定租赁期限，承租人在租赁期负责建造体育设施，政府通过购买服务的方式支付一定的经费，并由市场主体负责场馆向市民开放。特许经营是指将体育场馆的经营权交由私人公司经营，由私人公司负责设施的维护费用，私人公司可以保留所有门票收入、体育场的冠名权、场内广告的全部收入等，其他在约定收入之外的场馆所属球队创造的全部收入归所在地政府所有。使用者付费是指为了满足不同公民对不同质量体育公共服务的需求而安排的供给模式，通过市场实现体育公共服务资源的优化配置。美国体育公共服务供给中还有一支重要的力量——社区体育公共服务志愿组织，以慈善募集和公益活动为主，具体涉及体育公共服务有居民的与健康相关的营养指导、体育健身指导、居民体制监测和筹集体育设施资金。美国政府、市场和社会组织共同参与体育公共服务供给。政府是制度的安排者处于基础地位，公私合作模式下的市场主体是主力，社会体育组织处于未来主体地位。美国体育公共服务的供给机制体现了未来世界各国供给体育公共服务的新方向。

二、美国体育财政支出分析

美国联邦政府负责大众体育公共服务的 8 个部门每年支出的费用巨大，很难从每个部门的预算中找出体育支出的那一部分。因此，美国群众体育没有一个汇总的体育财政支出。且以发展计划形式开展的群众体育公共服务，也是由各州临时向国会申请资金，并没有事先的一个全国预算，因此，美国政府大众体育支出很难统计。[①] 在竞技体育方面美国奥委会很少接受美国政府的资助，这一点从美国奥委会的收入来源可以看出，见表 6-2 和表 6-3。美国政府对体育公共服务的投入主要是群众体育公共服务，竞技体育的收入

---

① 周兰君. 美国政府参与体育管理方式之研究 [J]. 西安体育学院学报，2009，26 (1).

来源主要是商业合作伙伴的赞助及特许权使用（sponsorship and licensing）、私人捐赠（contributions）、电视转播权（broadcast rights）。美国《业余体育法》说明美国奥委会属于社会组织，其资金的筹集属于市场行为。

表6-2 美国奥委会 2017 年收入来源

收入类别	金额（百万美元）	占比（%）
赞助和特许权使用	147	76
电视转播权	5	3
私人捐赠	31	16
其他项目收入	7	4
其他事收入	4	1

资料来源：美国奥委会官方网站美国奥委会年报。

表6-3 美国奥委会 1992 年收入来源

收入类别	占比%
合作及运作的注册	42
电视收入	28
纪念邮票	11
捐赠	8
奥林匹克币	7
奥林匹克商店	4

资料来源：郭树理. 外国体育法律制度专题研究［M］. 武汉：武汉大学出版社，2008.09.

美国奥委会 2017 年度财务报告显示（见表6-4），奥委会支出中占比最高的是高水平竞技计划支出（high performance program）。根据致同会计师事务所对美国奥委会 2017 年度财务报告的审计报告，高水平竞技计划支出，主要资助一些奥运会、残奥会和泛美组织的比赛项目（NGB and adaptive sport organization grants）和奥会项目中的优秀选手（Athlete grants），提供基于优异竞技表现的资助，还给 1900 多个运动员提供健康保险项目和医疗资助（Elite athlete health insurance and other medical benefits for Athletes），为其成员组织（Other sport related organizations）提供实物赞助（value-in-kind），见表6-5。在单项运动协会和运动员辅助支出（NGB & athlete foundation programs）中奥委会给予单项运动协会理事会（NGB）租金补贴（rent subsidies）等。美国竞技体育基本能自给自足。

表 6 - 4   美国奥委会 2017 年支出

支出类别	金额（百万美元）	占比（%）
高水平竞技计划支出	100	48
奥运会和残奥会竞赛支出	3	2
运动员训练设施支出	27	13
单项运动协会和运动员辅助支出	19	9
奥委会媒体及广告支出	22	10
支持服务支出	38	18

资料来源：美国奥委会官方网站美国奥委会年报。

表 6 - 5   高水平竞技计划支出

支出类别	金额（百万美元）
单项运动协会和运动员辅助支出	52
运动员资助	18
运动员健康保险及其他医疗资助	10
成员组织	4
其他	16
拨款总额（Total grants）	100

市场自由竞争经济体制反映在美国社会生活的各个方面，不仅在奥运会赛事运作领域，在高水平竞技人才的培养领域，经费来源也主要是商业赞助。高等院校也是市场竞争的主体之一，积极参与到社会资源的争夺之中，为自身生存发展获取更多的效益。体育作为美国教育的重要组成部分，是高校参与市场竞争的重要媒介。学校为了扩大社会影响，吸引社会和赞助商的关注，积极引进优秀教练员、招收高水平运动员，以提高学校运动队竞赛成绩。各种赞助和商业合同纷纷支持美国大学体育组织（NCAA）发展，进而很多拥有高竞技水平的高校，获得了大量的资金支持。高校通过赛事产业运作，竞技体育经费来源稳定、充足，实现了自我造血和自给自足。因此，美国政府也不需要从财政拨款中来培养高水平竞技体育人才。所以，美国政府体育公共服务支出方向主要是大众体育，着力点是修建体育设施。

美国政府修建体育设施主要采用税收和发行公债两种方式。一是税收。政府为体育设施融资的税种包括财产税、汽车租赁税、酒店床位税、烟酒税等。首选的税种是酒店床位税和汽车租赁税，因为这些税种对当地居民不会造成多大负担。美国完全由政府投资兴建的体育场馆占比 53.66%，完全由私人投资的体育场馆占比 14.63%，政府投资是美国体育场馆建设的主要资金来源。二是公债。例如，美国堪萨斯州约翰逊县在联邦土地和水资源保护资金拨款 24.6 万美元的基础上，发行了 26 万美元的债券，开发了占地 80 亩的一处综合体育设施，包括 7 个垒球场、3 个橄榄球场、1 个 2.5 英亩的钓鱼和滑冰的湖泊。[①] 三是大型体育场馆建设采用公私联合融资的模式（PPP）和建设—运营—移交模式（BOT）。

第三节　准行政机构管理型的澳大利亚体育

一、澳大利亚体育管理体制

1788～1900 年，澳大利亚是英国的殖民地。1901 年英国的殖民统治结束，澳大利亚成为一个独立联邦国家，成立了第一届联邦政府。联邦政府中设有主管体育的艺术、体育、旅游和环境部，各州政府设体育娱乐局。20 世纪 70 年代，澳大利亚的经济发展同样出现了滞胀，国家收入下降，但是支出却刚性增长，国家不得不精简机构，减少行政支出，体育部门在这一背景下被削减了。体育行政机构职能逐步向社会组织转移。1974 年成立了澳大利亚体委会，成员由联邦和州两级政府的体育负责人共同组成，专门负责协调和发展澳大利亚体育事业。1993 年，原来隶属于环境、体育与国土资源部管理的体育事务均交给社会组织，只保留了调整《澳大利亚体育委员会法》和任命委员会董事会及反兴奋剂董事会的权利，其余权利全面交给了澳大利亚体育委员，它的主要目标在于最大限度地筹措运动资金，争取澳大利亚在国际赛事中的领先地位，普及和提高群众参与体育运动的总体水平。澳大利亚体育委员会是澳大利亚实质上的政府体育主管部门，准确地说是准政府行政机构（见图 6-5），所以澳大利亚的体育管理模式被称为准行政机构管理型。[②]澳大利亚体育委员会每个年度都需向环境、体育与国土部长提交澳大利亚体育发展的年度报告。

---

① 孙成林. 我国体育设施政策的演进及优化 [M]. 武汉：华中师范大学出版社，2014.

② 杨榕斌. 澳大利亚体育体制与政策研究及对我国的启示 [J]. 浙江体育科学，2014，36 (5)：24-28.

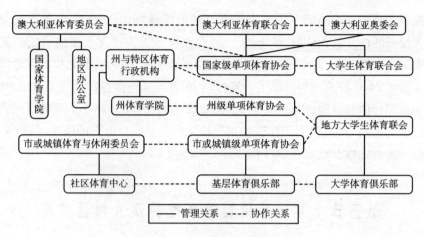

图6－5　澳大利亚体育管理体制

澳大利亚体育委员会下属机构有国家体育学院、澳大利亚奥林匹克运动会、澳大利亚英联邦体委会、国家竞技运动委员会、全国单项体育运动协会（全国共有100余个单项运动协会）、澳大利亚体育联合会等。[①] 澳大利亚体育学院（AIS）是澳大利亚最重要的体育培训机构，其主要任务是为澳大利亚培养高水平运动员，承担澳大利亚参加国家大赛的运动员选拔和训练工作，经费由政府支持。与其他许多国家由奥委会负责参加国家大赛运动员的选拔和训练的体制不同，澳大利亚奥委会只负责澳大利亚代表队的选拔、装备以及出国旅行的安排等工作。

澳大利亚州级的单项运动项目协会和州行政机构在澳大利亚竞技体育发展中扮演着重要的角色，州行政机构和州单项运动协会互相分工明确，行政机构负责制定政策和发展规划、管理本州体育学院，而由单项运动项目协会负责该项目发展的一些具体工作。澳大利亚对竞技体育的财政支出主要在国家体育学院和6个州、2个特区的体育学院。澳大利亚体育学院和州体育学院的任务是培养优秀运动员，地方的体育俱乐部是后备人才培养基地。社区政府一般不给予社区俱乐部资助，俱乐部会员通过缴纳一定的会员费参加训练。社区俱乐部的经费来源多少与俱乐部会员的比赛成绩直接挂钩，俱乐部会员比赛成绩好，来自社会捐赠和赞助的经费就会多。这些社区俱乐部也会有各项目的地区级别的联盟。地区联盟内优秀的运动员如果竞技能力达到了州级单项运动协会的要求，就可以进入州体育学院进行集训。州

---

① 石磊. 市场经济条件下的各国体育政策［Z］. 国家体育总局体育信息研究所，1998.

级体育学院由州政府负责资助。在州政府资助前，青少年运动员的训练都是
自费的。

大众体育方面，由州政府体育与休闲办公室，地方的市政府的市会议、
镇政府的镇会议设的综合型休闲委员会，维护和管理本地区的体育与休闲设
施。体育与休闲委员只有部分执行委员是专职人员，具体的工作往往是招募
大量的志愿者来完成。因此，大众体育管理也是由社会体育组织来执行和完
成的。根据澳大利亚体育委员会 2017～2018 年度报告，休闲委员会的工作内
容是资助供给群众体育公共服务的社会体育组织，指导社会体育组织制定
规划和操作策略以使更多的人参与到体育锻炼中来，基于研究数据为社会
体育组织提供高质量的体育发展信息，推动学校体育工作。休闲委员会还
进行了两项社会调查（ausplay and sporting school program）来检验群众体育
的效果。

二、澳大利亚体育财政支出分析

根据澳大利亚体育委员会的年报，澳大利亚体育委员会的收入来源一部
分是政府财政拨款，一部分是澳大利亚委员会自身的经营收入（见表 6 - 6）。

表 6 - 6　　　　　　　　澳大利亚体育委员会收入来源一览　　　　　单位：千美元

		来源类别	2015 年	2016 年	2017 年	2018 年
自有收入来源	经营收入	商品和提供劳务收入	19226	21667	21492	22316
		政府体育相关机构补助	20142	1136	9062	3189
		利息	3623	3054	3714	3053
		租赁收入	137	157	682	599
		其他收入	2050	2204	3306	1748
		合计	45178	28218	38256	30905
	收益	减值损失拨回	75	59	19	225
		资产出售收益	56	57	42	—
		合计	131	116	61	225
政府补助总收入	合计		45309	28334	38317	31130
	政府补助		266068	253646	250669	267904
	合计		311377	281980	288986	299034

资料来源：澳大利亚体育委员会年报。

澳大利亚体育委员会的经营收入包括商品和劳务提供收入、政府体育相关机构补助收入、利息收入、租赁收入和其他收入；收益有减值损失拨回和资产出售收益。还有最重要的一部分是政府补助。从表6-7可以看出，澳大利亚体育委员近4年政府财政拨款占总收入的比重保持在85%以上，2018年约为90%。如果加上政府行政机构体育关联部门的体育支出，澳大利亚体育委员会每年接受的财政拨款均在90%以上。因此，澳大利亚体育委员会的收入主要来源于政府财政拨款。

表6-7 澳大利亚体育委员会两大类收入来源占比 单位:%

来源类别	2015 年	2016 年	2017 年	2018 年
政府补助收入	85.45	89.95	86.74	89.59
自有来源收入	14.55	10.05	13.26	10.41

从澳大利亚体育委员会的支出来看，2016年用于国家竞技体育组织支出为1.02亿美元，2017年竞技体育组织支出为1.03亿美元，群众体育组织支出为0.223亿美元，竞技体育支出占比为82%，群众体育支出占比为28%；2018年竞技体育组织支出为1.12亿美元，群众体育组织支出0.192亿美元，竞技体育体育支出占比为85%，群众体育支出占比为15%，由此可见澳大利亚政府优先保障竞技体育发展。根据澳大利亚奥委会官方网站统计显示，作为非营利性的组织，澳大利亚奥委会资金来源于自身经营运作。基于澳大利亚奥委会2013~2016年的财务报表，73%的收入来源于电视转播、18%的收入来源于顶层项目的市场开发、5%来自其他收入、4%来自其他权益。奥委会收入的90%（大约是50亿美元）用于奥林匹克赛事和运动员培养，10%用于奥委会运作。2013~2016年总收入中大约25亿美元用于奥林匹克赛事期间缓解英国举办城市的财政负担。从2004年的雅典奥运会到2016年的里约夏季奥运会，再从2002~2018年的冬奥会，澳大利亚奥委会支出增长了60%，见图6-6和图6-7。因此，澳大利亚竞技体育人才培养经费，在基层由个人付费训练，在顶层的奥运会参赛由奥委会负责筹集资金，国家竞技体育财政支出主要集中在州级体育学院和国家体育学院高水平的竞技训练上。

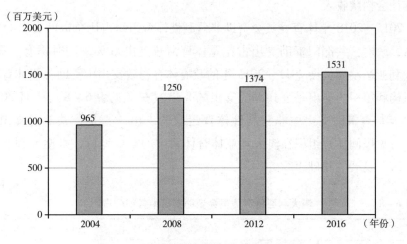

图 6 - 6 澳大利亚奥委会夏季奥运会支出

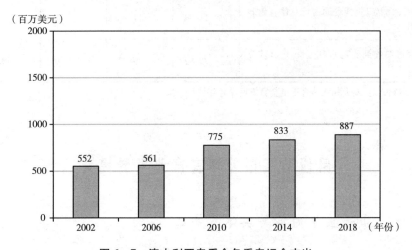

图 6 - 7 澳大利亚奥委会冬季奥运会支出

澳大利亚政府与非营利组织的合作方式有：政府指导方针、财政补助、政府向非营利组织购买服务、非营利组织参与和影响公共决策。① 在澳大利亚，澳大利亚的政府和非营利组织之间是需求方和供给方的关系，没有类似上下级行政部门之间预算安排关系。非营利组织主要是承接政府公共服务来获取资助收入，同时还为其会员或其他社会主体提供服务来获取收入，另外

---

① 石国亮. 澳大利亚社会组织发展与管理研究［R/OL］. http：//www. chinanpo. gov. cn/700100/92597/index. html，2015 - 12 - 29.

还有社会捐赠收入。

2015～2018 年体育委员会资助非营利性体育组织占比总资助支出的 80% 左右，政府公共部门资助支出占比总体育财政支出 10%。同时据有关研究，澳大利亚运动委员会 2011～2015 年的政府体育财政支出中资助各州体育非营利机构和组织的支出是公共部门支出的 8 倍左右（见表 6-8），① 且 2011～2018 年体育资助支出中非营利性体育组织的支出一直是公共部门支出的 8 倍，可见民间体育组织在澳大利亚体育体系中的重要地位，是澳大利亚体育公共服务发展的基础组织。

表 6-8 澳大利亚体育委员会资助支出中各部分占比

	2018 年	2017 年	2016 年	2015 年
体育委员会资助总支出（百万美元）	183	172	169	180
政府公共部门收到资助占比总体育财政支出（%）	11.34	11.30	11.91	8.32
体育组织收到资助占比总体育财政支出（%）	79.95	79.27	79.16	82.76

资料来源：澳大利亚体育委员会官方网站各年统计公报。

第四节　国外体育产业发展模式

一、市场主导的英美澳体育产业

国外体育产业发展模式主要有两种：市场主导型和政府参与型。英国、美国、澳大利亚的体育产业属于市场主导型的。市场主导型是指体育产业的发展由市场上的企业在利润的驱使下相互竞争，推动着体育市场不断繁荣和发展。英国、美国、澳大利亚这些原发的市场经济国家采用这种模式。政府一般对体育产业中的各类市场主体实行"市场决定"，不干预它们的经营管理活动，只是通过立法来规范和维护各类体育企业的市场竞争行为，同时维

---

① 王誉颖. 公共财政视角下对美、英、澳三国公共体育支出的分析研究［D］. 山东体育学院，2017.

护消费者的合法权益。实行这类体制的国家，他们的职业赛事以及与之相关的俱乐部体制和职业联盟等都较完善。居民体育消费普遍化、生活化，形成了比较完整的体育市场体系和体育产业链，体育中介机构为体育明星和体育企业按照商业化原则提供优质、专业化的服务。美国的体育产业规模、结构、水平和效益居于世界首位，是体育产业最发达的国家。2002 年是汽车产业的 2 倍，影视产业的 7 倍，2010 年体育产业产值高达 4410 亿美元，2016 年美国体育产业 4947 美元，占 GDP 的 2.66%，2017 年是 5199 亿美元，占 GDP 的 2.68%。2020 年，体育产业产值将达到 6000 亿美元。根据 2018 年的卫星数据调查结果显示，英国体育产业产值占 GDP 的比重为 2.18%。澳大利亚体育联合会的调查表明，1995～1996 年，澳大利亚体育产业的产值为 79 亿美元，体育产业占 GDP 的比重为 1%。据美国学者统计（SPORT BUSINESS，1999 年第 6 期），2000 年悉尼奥运会前澳大利亚体育产业占 GDP 比重达到 3%。

从体育产业占比 GDP 的比重与美国、澳大利亚和欧盟国家相比较，我国体育产业占 GDP 的比重不算太低。但是从体育及相关产业的生产总值来看，2017 年我国体育产业生产总值为 7811 亿元人民币，而美国为 5199 亿美元，英国为 36750 亿欧元，是美国的 1/5、英国的 1/38，由此可见我国体育产业发展空间巨大。

二、政府参与的日本体育产业

日本属于后发市场经济国家，体育需求的规模、体育市场完善程度、体育企业的规范运作水平相对弱小，体育产业发展不搞大而全，而是根据本国体育消费和体育市场发育程度，确立重点发展领域，逐步推动体育产业发展。日本体育产业同样起步于体育用品制造、体育设施建设，如今日本体育产业主要包括体育用品业、体育建筑业、体育场馆出租业、健身娱乐业、体育广告赞助以及职业体育。日本体育产业在很长时间都是在政府行政制度下发展的，由官方主导体育行政，但是进入 20 世纪 90 年代，日本政府开始意识到振兴体育产业需要依靠民间力量，提出了体育产业化。由于日本各种职业体育俱乐部、商业体育俱乐部是由经济产业省和文部科学省共同管辖，一定程度上推动了日本体育产业的市场化和商业化运作。而且得益于日本一直以来都重视群众体育的发展，日本体育产业的主导产业或者说核心产业是体育健身娱乐业。日本国际工贸部负责规划和指导体育产业发展，设定体育产业发展目标，并运用多种手段调控和规范体育产业市场主体的组建与发展。

第五节　国外体育发展的经验借鉴

一、政府和个人分摊竞技体育培养成本

各国竞技体育人才培养在基础阶段基本都是自费的，达到一定水平后会有来自政府的资助。美国竞技体育的特点是以学校为中心，从小学、中学到大学是体育与文化教育完全融合的人才培养模式，在投入业余训练阶段，大都是自己花钱训练，美国政府基层的休闲与公园委员会组织的地方性质的训练营，供体育参与阶段的孩子入门，开设的体育类培训课程都是收费的。到高中阶段表现优异的青少年在进入大学后会有奖学金赞助。美国高校通过赛事运作和产业运作，竞技体育经费充足。奥运会支出也由美国奥委会通过市场化运作筹措。英国竞技体育在基础阶段主要依托学校和社区俱乐部，中小学与俱乐部合作。青少年加入某一俱乐部成为其会员，每年需要缴纳一定的会费，同时还会收到英国教育部下设的青少年体育基金会的资助。达到较高水平的运动员——有望站上领奖台或者已经站上领奖台的运动员，英国理事会提供彩票公益金予以资助，享受由英国政府提供的世界一流的教练员、运动科学和医学支持。从一定程度上说，英国竞技体育可以称为"举国体制"。澳大利亚的竞技体育后备人才培养同样是依托社区俱乐部，社区政府一般不给予资助，澳大利亚儿童 6~7 岁开始可以进入当地社区体育俱乐部进行训练。他们中高水平的青少年入选州体育学院和澳大利亚体育学院后，集中训练由政府进行资助。参加奥运会的支出由澳大利亚奥委会市场化经营收入支付。日本体育后备人才培养是学校课外体育俱乐部和综合型社区俱乐部。综合型社区体育俱乐部由居民团体组织自主经营，会员需要缴纳会费，但是同时接受政府补助。近年为迅速提升竞技体育成绩，2014 年开始日本政府为备战国家大赛的运动员集中强化训练提供资助。

从英国、美国、澳大利亚和日本的竞技体育后备人才培养资助体系来看，在培养的基础阶段基本都是由个人付费训练的，当运动员竞技能力到达较高水平后，如州级水平（美国是进入大学后）各国政府才开始对运动员进行资

助。从国外竞技人才培养的全过程来看，竞技体育人才培养的成本是由个人和国家分摊的。竞技体育人才培养的过程也是作为运动员职业发展的构成部分，其受益是既为国争光，同时个人也收获一定的经济利益，如美国运动员在奥运会上夺得金牌后，除了奥委会发放的奖金外，还有来自赞助商的奖金和电视转播的收入。这些都激励了运动员在世界大赛中展现自我，夺取更多的奖牌。

与我国竞技体育后备人才培养是举国由传统的三集中式的业余体校培养、完全由国家包办的不同。国外的竞技体育人才培养模式，更能激发和挖掘运动员的潜能。在青少年阶段，由青少年个人和其所在的家庭自主权衡选择是否走运动员这条职业发展道路，以及在提高运动技能训练阶段，家庭将承担巨大的经济压力和运动员体能极限挑战的艰辛。我国竞技体育金字塔式的人才培养模式下，从 30 万体校运动员到 3 万省市队员，再到 3000 国家队员、300 奥运冠军，90% 的淘汰率。30 万体校运动员到 3 万省市队员，有 20 多万体校运动员被淘汰，这些被淘汰的运动员，一方面自身浪费了大量的时间和精力，另一方面也是国家财政投入的浪费。再到省市队、国家队退役后的运动员安置，国家也要投入大量的物力和财力，而且大部分运动员都不能得到符合预期的安置，最终形成了为国争光和运动员收益之间的矛盾，因此，我国传统业余体校的培养模式急需适应市场经济的需要尽快改革。

二、向社会组织购买体育公共服务

英国的体育行政管理职能由英国体育理事会和英格兰体育理事会负责，美国体育行政管理由奥委会和地方公园与休闲委员会负责，澳大利亚体育行政管理由澳大利亚体育委员会负责，日本体育行政管理由日本奥委会日本体育协会负责。英国体育理事会和英格兰体育理事会的经费来自国库基金和彩票基金，澳大利亚体育委员会经费 90% 以上来自政府财政拨款，日本奥委会和日本体育协会的事业补助预算由文部科学省一般会计支出。各国承担着政府体育公共服务职能的主要是体育组织。这些社会体育组织的工作人员只有少部分是政府行政人员，大部分是通过社会招聘而来，这与我国正在进行的事业单位人事聘任制度改革的方向是一致的。英国按照《体育管理准则》中约定的组织架构、工作人员、透明性、责任、执行标准、财务状况要求等，确定体育公共服务的承接方，把社会组织引入公共项目的承接和运作后，制定了相应的法律和非正式协议《政府与志愿及社区组织合作框架协议》，进而实施英国政府关于体育工作的一系列项目计划。澳大利亚与英国类似，政府和体育社会组织围绕"活跃的澳大利亚"计划，签订合作协议，旨在增加终身体育参与人数，实现体育参与的效果。作为供给方的社会体育组织只有达到了政府协议合同中的供给标准，才能得到政府的经费资助。美国政府与社会组织之间也是通过《公共合同法》和实施规则《联邦采购规则》，规范政府购买体育公共服务的原则、方式、程序、监管和评价。美国联邦政府在体育公共服务的支出方面，每年有50%以上投向了非营利组织。

国外政府向社会体育组织购买公共服务过程中，政府的职责是通过税收、财务审计、检查和司法等多个部门联动规范和监管社会组织的行为，增加社会体育组织使用公共资源的透明性、公开性。社会体育组织在法律框架内积极配合政府的体育施政目标。根据英国、美国、澳大利亚和日本政府向社会体育组织购买体育公共服务的经验，结合我国目前社会体育组织自身发展能力弱，挂靠在行政部门，政社部分、政企不分的国情，需要逐步加快推进政社分离改革，培育社会体育组织的契约精神，转变政府扶持方式，从直接资金投入转向向社会组织甚至市场主体委托、购买体育公共服务等，不断培育社会组织和市场主体承担体育公共服务供给的能力，以适应政府"放管服"改革和深化国家经济体育改革，提升国家治理能力的社会各方面的需要，使社会体育组织和市场体育主体的发展计划与政府的宏观经济、社会规划方向一致，达到政府与社会共治的美好愿景。

三、单项运动项目协会负责竞技体育工作

英国、日本、美国和澳大利亚的竞技体育人才培养和选拔工作基本上是由单项体育协会来主持的，基层是体育俱乐部。英国的4个成员英格兰、苏格兰、北爱尔兰和威尔士的单项体育协会，分别负责该地区的竞技体育运动员的培养，培养经费来自英国体育彩票。英国竞技体育人才培养的一般路径也是校际体育比赛——社区体育俱乐部——区域单项体育协会——国家单项体育俱乐部。俱乐部模式在英国竞技体育人才培养中具有重要地位，一般是由社会力量举办。日本竞技体育工作是由奥委会负责协调，依托各类体育协会来开展，以协会为单位组织比赛，从国内比赛中选拔优秀运动员代表日本

参加国际比赛。① 全国性的单项体育协会、体育联合会是日本体育协会的会员，在各级地方设立相应的体协和体联，基层是体育俱乐部。美国奥委会通过所属体育组织推动竞技体育发展的职能。美国奥委会全权负责选拔奥运选手、管理国家奥运代表队、筹集国家奥运队的短期集训资金，资金来源于个体公民捐赠、赞助、特许使用费、商业经营等。奥委会下属的各单项运动协会负责各自的运动项目发展。随着竞技体育政治功能的增加，美国政府也开始对竞技体育发展进行资助。澳大利亚州级的单项运动项目协会和州行政机构在竞技体育发展中扮演着重要的角色，州行政机构和州单项运动协会分工明确，行政机构负责制定政策和发展规划、管理本州体育学院，单项运动项目协会负责该项目发展的一些具体工作。

我国竞技体育工作的管理体制不同于西方国家，竞技体育由各运动项目中心管理，运动项目管理中心是单项体育协会的常设办事机构。运动项目中心呈现四位一体的特征：首先，它是行使体育管理权限的行政机构，具有相关法人性质；其次，它们的正式编制是国家体育总局下属的事业单位；再次，运动项目管理中心的负责人也是该运动项目的体育社团（单项体育协会）的领导人，因而运动项目管理中心又变成了群众团体；最后，运动项目管理中心有经营权，可以自己成立公司进行市场开发。四重身份叠加使运动项目管理中心集机关法人、事业法人、社团法人、企业法人于一身，社政不分、政企不分、管办不分，运动项目管理中心的行政、事业、社团和企业身份，根据需要灵活转换，既是裁判员也是运动员。与国外竞技体育主要由单项运动协会管理的体制相比，我国竞技体育管理不能适应市场经济建设的需要，严重影响了我国竞技体育和职业体育的发展。

四、当前我国体育产业发展是与体育发展阶段相适应的

从国外体育产业发展模式的分析，可以看出各国采取什么模式发展体育产业，是该国政治体制、经济体制、体育体制和社会文化传统多种因素综合作用的结果。国外体育产业发展的经验显示，先发市场经济国家——英国、美国和澳大利亚的体育产业发展是建立在高度发达的市场经济体制下的，职

---

① 张琴，易剑东. 体育治理结构的域外经验与中国镜鉴［J］. 体育学刊，2017，24（5）：41 - 47.

业赛事以及与之相关的俱乐部体制和职业联盟等都较完善，居民体育消费普遍化、生活化，形成了比较完整的体育市场体系和体育产业链。后发的市场经济国家——日本体育产业也根据自身特点，完成了从以体育用品制造为主向以体育休闲服务业为主的产业结构转变。与英国、美国、澳大利亚和日本体育产业发展的历程相比较，我国现阶段的体育产业发展状况是与我国国情相适应的。一是我国体育发展的市场化程度较低。尽管我国早在1992年就提出了体育产业的概念，但是直到近年人们多样化的体育消费需求才急剧增加，国家层面也积极回应，2014年国家体育总局颁发了《关于加快发展体育产业促进体育消费的若干意见》，鼓励社会力量和民间资本参与体育发展，从国家战略层面确定了体育产业化的发展道路。二是我国体育产业还处于起步阶段，中国体育企业的代工生产经历，使我国只能从自己擅长的领域做起，因而体育产业主要是以体育用品制造业为主。三是我国大众体育和职业体育发展滞后。体育服务业的发展很大程度上取决于群众体育和职业体育的发展。在群众体育方面，只有人民群众养成了体育锻炼和体育消费的习惯，与之相关的体育健身休闲产业才能发展起来。在职业体育方面，体育运动项目是核心，它能带动相关的体育传媒、体育中介、体育经纪等相关体育服务业的发展。而我国职业体育发展所必需的运动项目协会实体化改革，仍然处于探索阶段，目前足球和篮球的改革成果还不是很理想，对相关体育服务业的带动作用有限。

因此，为促进我国体育产业的发展，在群众体育领域，在政府体育行政部门人力物力有限的情况下，应引导社会力量参与供给，激发人们的体育参与热情，增加体育人口规模，提高人民身体素质，养成锻炼习惯，进而拉动体育消费。在职业体育领域，要加快推进运动项目协会实体化，同时鼓励社会资本发展职业体育，通过多方努力推进职业体育发展。如此，推动体育产业以体育用品制造为主向以体育服务业为主转型，以处于上游的体育服务业带动下游的体育用品制造相关产业的发展。

第七章 完善财政支持体育发展的政策建议

第一节 完善体育财政支出管理

一、建立稳定的体育财政支出增长机制

体育财政支出是体育公共服务供给的重要保障。近20年国家体育财政支出在体育大事记年增长率急速上升，在非大事记年大幅度下降，反映出体育事业发展受国家体育政策影响较大。2015年国家体育财政支出甚至出现负增长，体育财政支出极不稳定。为保障体育事业有规划、有目标地推进，应当建立稳定的体育财政支出增长机制。

按照西方发达国家体育财政支出占比国内生产总值最低值0.2%，测算近10年来我国体育财政支出缺口（见表7-1），从2007年的437.7亿元，增加到2016年的1174.8亿元。

表7-1   按占比国内生产总值我国2008～2017年体育财政支出缺口

年份	体育财政支出（亿元）	国内生产总值（亿元）	实际占比（%）	按发达国家最低标准应支出（亿元）	资金缺口（亿元）
2008	205.29	321500.5	0.06	643	437.71
2009	238.26	348498.5	0.07	697	458.74
2010	254.17	411265.2	0.06	822.53	568.36
2011	266.35	484753.2	0.05	969.51	703.16
2012	272.49	539116.5	0.05	1078.23	805.74
2013	299.08	590422.4	0.05	1180.84	881.76

续表

年份	体育财政支出（亿元）	国内生产总值（亿元）	实际占比（%）	按发达国家最低标准应支出（亿元）	资金缺口（亿元）
2014	370.75	644791.1	0.06	1289.58	918.83
2015	356.48	686449.6	0.05	1372.9	1016.42
2016	389.48	740598.7	0.05	1482.28	1092.80
2017	474.85	824828.4	0.06	1649.66	1174.81

资料来源：体育财政支出数据来源于财政部官方网站，国内生产总值来源于《中国统计年鉴》（2008~2017）。

从体育财政支出占比公共财政总支出看出，我国体育公共财政支出长年不及全国公共财政支出的0.4%。西方发达国家历来对体育公共服务重视，体育公共服务财政支出在国家公共财政支出中的占比较高，超过国家公共财政支出的1%。[①] 按照西方发达国家最低1%的标准，测算近10年来我国体育公共服务财政支出缺口（见表7-2）。虽然总量上我国体育财政支出绝对值在增长，但体育公共财政支出占比公共财政支出的比重不但没上升反而下降，造成我国体育公共服务财政支出缺口越来越大。与表7-1中的缺口比较，体育公共服务的财政支出缺口更大。随着我国经济的发展，居民消费结构升级，未来作为"主动健康"的重要因素，体育公共服务需求将会越来越强。表7-2中体育公共服务资金测算更能真实地反映我国的体育财政支出缺口。体育公共服务财政支出缺口越来越大，说明国家层面还没有在行动上体现出其对体育公共服务于国家发展的重要性的认识，没有将体育公共服务落实到具体的政府职能行使中。

表7-2　　　按占比公共财政支出我国2008~2017年体育财政支出缺口

时间	体育财政支出（亿元）	财政总支出（亿元）	体育支出占比（%）	发达国家最低1%标准应支出（亿元）	资金缺口（亿元）
2008	205.29	62209.09	0.33	622.09	416.80
2009	238.26	76858.06	0.31	768.58	530.32
2010	254.17	89874.16	0.28	898.74	644.57
2011	266.35	109247.79	0.24	1092.48	826.13

---

① 卢志成. 政府体育公共财政支出政策公平研究 [J]. 体育科学，2014，34（8）：3-12.

续表

时间	体育财政支出（亿元）	财政总支出（亿元）	体育支出占比（%）	发达国家最低1%标准应支出（亿元）	资金缺口（亿元）
2012	272.49	125952.97	0.22	1259.53	987.04
2013	299.08	140212.10	0.21	1402.12	1103.04
2014	370.75	151785.56	0.24	1517.86	1147.11
2015	356.48	175877.77	0.20	1758.78	1402.30
2016	389.48	187755.21	0.21	1877.55	1488.07
2017	474.85	203085.49	0.23	2030.85	1556.00

资料来源：《中国财政年鉴》（2008～2017）。

因此，应该采取具有强制性的措施：结合当前的体育财政支出的增长率，通过政府立法规定，设立体育财政支出增长的短期目标和长期目标，建立合理的体育财政支出占国民生产总值的比重、体育财政支出占国家财政支出的比重，保持体育财政支出的稳定增长。近10年来我国体育财政资金缺口逐步增大，国家体育财政支出欠账越来越多。各级政府部门应将体育事业发展的经费纳入本级财政预算，并将"两个比重"的增长纳入地方政府年度考核的重要内容，使人们享受随着社会经济发展所带来的成果。

二、"增收入减支出" 促进地方体育事权与财力相匹配

我国体育公共服务虽然是中央与地方共同事权，但是实际上地方负担大部分的支出责任，地方政府的收入体系是体育公共服务的重要保障。地方税收体系是地方收入最重要的来源。"营改增"中，国家将各级地方财政收入贡献30%以上的第一大税种营业税改为增值税。由于增值税只对流转中商品增值的部分收税，地方收入相对减少。为保证地方财力稳定的过渡性方案是增值税的分享比例由75∶25改为50∶50。同时税基不易流动、与当地公民服务有着密切关联的，适合作为地方税的税种，如资源税和房产税还处于试点阶段，地方税收收入还主要依靠共享税。地方政府缺乏主体税种，进而缺乏稳定财源，不仅加大了地方政府对债务融资的需求，而且也加大了地方债务风险。另外"营改增"中，地方政府为获得更多税收，将政府的工作重点锁定在各种产值高的制造业、招商引资和发展经

济上。[①] 这与我国转变经济发展方式，积极发展第三产业，构建全国统一市场、促进政府职能转向市场监管、公共服务与社会管理，积极保障和发展民生事业的理念是相悖的。因此，应加快理顺中央地方收入划分，重构地方收入体系，保障地方稳定的财政收入，以满足履行包括体育公共服务在内的政府职能需要。

如果说在地方财力不足以支撑地方支出的情况下，重构地方财政收入体系，保障地方有稳定、规范的收入相当于是做"加法"，那么合理划分中央与地方的体育公共服务事权和支出责任，就是做减法。新一轮的税制改革框架形成后进一步导致了地方财政收入减少，在保证这一中央与地方收入划分的框架原则下，按照财权和转移支付来决定中央和地方应该承担的体育事权，由于以往分税制省级以下收入划分不彻底，财权上移、事权和支出责任下移，所以应当适当上移事权，中央承担更多的支出责任，给完善地方税体系赢得时间。

根据国务院公布的《基本公共服务领域中央与地方共同财政事权和支出责任划分的改革方案》的规划部署，到 2020 年基本完成主要领域改革，由易到难，根据规划和体育事业改革的进程现状，我国体育相关改革将推迟到 2020 以后。在"体制两分法"框架下，中央和地方要对各自事权范围内的体育事权承担起支出责任，同时还要对中央与地方的共同体育事权区分情况划分支出责任。在目前对中央和地方体育事权划分不够细致的基础上，要对中央体育事业和地方体育事权列出详细的清单，与事权相对应的支出责任也要明确对应预算收支科目表的项级水平，并通过法治化、规范化的形式落地，维护体制的稳定性和权威性。

三、以横纵向转移支付保障体育公平

我国收入分配制度在新中国成立初期，注重公平，在发展生产和防止"两极分化"上选择了将公平理解为"平等"，导致社会经济发展止步不前。意识到承认个体差异的按劳分配，适度拉开差距能带动生产力的提高，于是提出了让一部分地区、一部分人先富起来的，起示范作用的效率优先的发展模式。因此，过去几十年在生产建设性财政理念下，我国体育事业财政管理

---

① 冯俏彬. 需构建新的地方收入体系［N］. 经济参考报，2016－08－09（002）.

追求效率，弱化了体育公平。效率优先原则导向下的东部地区、城市、竞技体育优先发展的体育财政政策，形成了区域之间、城乡之间和竞技体育与群众体育之间、体育事业和体育产业之间的非均衡发展。政府有责任对在社会竞争或社会变迁中利益受损的一方予以政策性的保障和适当的福利补偿，"平等地对待平等的，不平等地对待不平等的"，增加群众体育事业支出占体育事业总支出的比重，对于体育公平受损的城市、乡村和社会弱势群体要额外配置更多的体育资源。

在全面建设小康社会收官之期，兑现国家"共同富裕"承诺，作为补偿形式的财政转移支付，必须对体育公平受损的中西部地区和农村建立横向和纵向体育财政转移支付来实现体育公平，保障区域之间、城乡之间的经济社会主体享有均等的体育权利和均等的体育机会。纵向上看，要建立稳定的中央对省级政府，以及省级以下体育财政转移支付，特别是明确省级以下的转移支付，保障基层政府有足够的财力配置体育公共服务。由于早期体育财政转移支付以专项转移支付居多，产生了一些导致资源错配、资金利用效率不高的问题。新时期的纵向体育财政转移支付应以一般转移支付为主，专项转移支付为辅，使体育公共服务事权、支出责任与其财力相匹配。对于中央和地方共同的体育事权，依据地方体育基础、财力状况和保障对象数量，实行分类分档的转移支付补助，平衡我国地区财力差距。将现在没有明确划分财政事权和支出责任的专项转移支付统一到共同财政事权转移支付中，列为一般转移支付，不规定用途和对应具体事项的财政支出责任。由各地根据各地情况因地制宜，将财政资金投向人们体育消费升级后急需的体育公共服务领域，全面提高体育公共服务水平。对于农村流出城市的人口，财政应破除户籍制度壁垒让公共服务跟着人走，保障农民工逐渐享有与城市居民大体相当的体育公共服务。横向上看，改革开放后国家财政政策向东部地区倾斜是东部地区经济快速发展的重要原因；后由于分税制时期配套的税收返还制度形式的转移支付，不仅没有缩小地区差距，反而有拉大地区财力差距，各种优质资源向东部地区集聚。西部大开发后，国家对西部地区的财政政策倾斜，使西部地区各方面实现了以超越中部地区正常发展速度的超常增长，表现为西部地区的省级平均体育财政支出超过中部地区。从全国总体上来看，中部地区出现上"中部塌陷"现象。因此，针对当下我国东中西部地区省级平均体育财政支出现状，新时期，应尝试建立东部地区对中部地区的体育财政转移支付，缩小中部地区与东西部地区的体育公共服务差距。

四、加强体育财政支出绩效管理

近年来以预算绩效评价为抓手，加强体育财政支出绩效管理的工作在逐步推进，但是仍以事后绩效评价为主，事后绩效评价有滞后性，对预算执行的预防和纠偏作用有限。当前加强体育财政支出绩效管理，应该加强事前和事中监管，将事前、事中、事后监管有机结合。

首先，在事前应该发挥预算绩效目标的前置作用。以绩效目标作为项目绩效评价和体育行政部门职能履行的考核依据。在绩效目标设定时，要求预算单位尽可能以量化指标的方式说明绩效目标设定的基数和依据，防止故意调低绩效目标，以便轻松顺利实现目标的行为。同时也防止绩效目标虚高，在事后验收时以各种理由推卸责任的行为。绩效目标的设置务必要结合实际工作和体育事业发展规划的要求。

其次，要加强体育财政支出事中监管。事中监管是指加强体育财政支出中期检查。事中监管形式可以是从财政相关职能部门了解以项目为载体的体育财政支出进度及其他日常监管信息，或是深入体育行政部门，采用顺查、逆差方式审查被监督单位的财务报表、财务记录、账簿和原始凭证，保障体育财政资金使用的合规、安全，或是与项目实施单位开展座谈，核实项目进度，最终出具监管工作报告。当预算执行与绩效目标发生偏离时，要求预算执行单位进行整改，整改期间可以暂停拨付财政资金。

再次，要加强体育财政支出事后监管。体育财政支出监管，除了关注体育财政支出的合规性、合法性、安全性，更重要的是注重体育财政支出的有效性。有效性是体育财政支出绩效管理的落脚点，也是加强政府绩效管理的归宿。事后监管，是指根据预算申报时设定的绩效目标，采取指标考核的方式进行。针对我国当前体育公共服务供给中，通过量化指标人均体育场地面积、每千人社会体育指导员人数等方式来考核体育财政支出绩效是不全面的。当前我国体育需求升级，不仅要考核量化指标，还要考核质性指标。一方面要弥补体育财政支出历史欠账，提高人均体育场地面积、每千人社会体育指导员人数；另一方面人们的体育公共服务需求正在转型升级，更加关注体育公共服务的质量，如体育健身指导服务、国民体质监测、富有趣味性的体育活动等。因此，我国体育财政支出事后监管，不能仅仅停留在

"有无供给"，而应该关注供给的绩效，即人民群众的满意度，切实提高体育财政资金使用绩效。

最后，加强体育财政支出绩效评价结果的应用。绩效评价结果是对体育财政支出绩效问题的诊断，是今后体育财政支出管理工作的着力点。财政部门应该明确以体育财政支出绩效评价为抓手，加快推进体育财政支出绩效管理，目的在于提升绩效。加强体育财政支出绩效评价，引导体育预算执行部门强化绩效意识，为人们提供实实在在数量和质量的体育产品和服务，而不是在于节约财政开支。因此，以激励手段为主、约束措施为辅，激励体育预算执行和管理部门提升财政资金的使用绩效。

通过事前、事中、事后的全过程体育财政支出绩效管理，能够扭转我国传统事后体育财政支出监管的不足，通过事前监管明确体育财政支出目标，事中监管提高资金使用规范性和安全性，能有效杜绝体育行政部门在资金使用中可能存在的腐败行为，通过事后绩效监管和绩效评价结果运用能有效避免政府官员追求政绩的形象工程，最终保障体育财政资金的使用切实为民服务，提高体育财政支出的绩效。

第二节　优化体育供给方式提升支出绩效

一、以体教融合方式多渠道培养高水平运动员

我国竞技体育人才培养注重从小选材，因此大部分专业运动员的培养路径是业余体校到专业队的模式。近年来，业余体校数量急剧萎缩，竞技体育后备人才来源减少。这可能与业余体校的培养模式和运动员退役后二次就业艰难有关。业余体校重视竞技能力培养，忽视文化课程教育，再加上90%的淘汰率，退役运动员没有一技之长，就业困难，生活缺乏保障。我国竞技体育后备人才培养模式急需转型。

美国典范式的"体教融合"模式下，竞技体育人才在学校系统里培养，一些有体育特长生自费参加社会上各种体育俱乐部或者训练营，进行系统专业化培养。英国、澳大利亚和日本的青少年运动员培养也基本上都是学校与社会相结合的模式。上课期间，学生在学校接受体育训练，课后学生参加校外由社会力量举办的体育俱乐部，私人付费是主要的模式，一些国家会给予

资助或者补贴。毕业后进入企业办的职业体育俱乐部、州政府办的体育学院继续更高一层次的训练，重大比赛前参加国家队组织的集训。

我国应参照国外"体教结合"青少年后备培养模式，打破传统的业余体校培养模式。第一，鼓励社会力量兴办专业体育学校，个人和家庭共同承担竞技人才培养成本。私人举办的专业体育学校的培训时间较灵活，将对竞技体育有兴趣，但是又不认同业余体校培养模式的青少年吸引到竞技体育领域中来。中小学生可以在课余和周末参加训练，还不影响普通学校的文化课程学习。对于一些培养质量较高的、社会兴办的专业体校，体育行政部门可以与其签订合作培养协议，多渠道拓展竞技体育后备人才来源。第二，推广体育传统项目学校建设，各地体育部门加强与体育传统项目学校的合作与交流，依托一级示范学校的文化教育、优质体育场地设施和历史水平较高的传统体育项目的优势，培养优秀青少年运动员。这样既能满足竞技训练需求，同时还能将青少年运动员的文化教育纳入正规的教育体系，解决传统业余体校自办教育质量不高导致的青少年文化素养偏低的问题。例如，吸取湖南省长沙市青少年体育后备人才体教融合尝试的经验，成立专门的"体教结合"工作领导小组，形成上下联动、左右协调的体教结合工作局面，形成从中小学到大学一贯制的"体教结合"模式，能提升在队运动员科学文化素质，开发运动员的智力。智力是影响运动员夺冠的重要因素。在合作交流中，体育部门还可以发挥自身专业技术优势为学校日常体育教育工作提供指导。

二、以政府采购和 PPP 模式高质量地供给群众体育公共服务

随着人们认识到必须通过体育健身运动来提高自身健康状况，人们体育需求激增后，政府将难以以现在的人员和机构予以保障巨大的体育公共服务需求。政府应通过购买群众体育公共服务的方式，把权利让渡给其他供给主体，以提高体育公共服务供给的效率和质量。

人们的体育需求不仅包含基本场地设施需求，还包含体育指导服务、体育活动组织服务、体质监测服务、竞技体育参与等方面。例如，政府将科学健身指导、体质测试委托给高等院校、体科所等专业公共事业机构，这些公共事业机构可以为体育公共服务提供人才支持、技术支持、理论支持等。政府引导社会力量参与体育公共服务供给，采取的是"政府承担、

项目招标、合同管理、评估兑现"的运作模式。①对一些专业性较强、投入较高而价值也较高的体育项目，考虑到资源最有效利用与整合，往往可以交由企业来做，充分利用资本市场的优势。企业之间也可以实现联动，将自己不擅长的一些受托服务交给其他企业来做。在多主体共同参与的多级委托代理中，坚持谁委托、谁监管的原则，划清责任界限。政府委托企业的体育公共服务，由政府负责监管。企业委托给其他承包方的体育公共服务由委托企业负责监管。

对一些特别是在资金需求量大、投资周期长的体育基础设施建设项目，如体育场馆设施，可以采用"政府主导、企业运作、合作共赢"的 PPP 市场化运作模式，赋予企业或社会组织一定时期内的投资收益权。PPP 模式包含两种类型：一是特许经营项目；二是风险共担、利益共享的伙伴式合作。特许经营模式下，形成的体育公共服务基础设施的财产权归政府所有，政府只是将体育设施的建设、经营和维护交给社会资本。伙伴式的 PPP 模式下，第一，政府和社会资本以合同形式明确规定政府对体育设施和服务详细产出指标要求。第二，运营周期内合作方为政府整合最优质资源，提供专业、高水平的一体化、系统化、一揽子的解决方案。第三，强调体育场地设施建设完成后的整个使用周期的绩效，对未来出现的风险也应一并承担。第四，以是否达到合同规定的标准来综合权衡最终企业应该得到的回报。例如，体育场馆设施、体育健身路径、健身绿道、马拉松体育赛事运营领域等。在公私合作模式下，不仅减小了政府的财政支出压力，降低了运行成本，还提高了体育公共服务供给质量。PPP 模式下应该处理好经营主体的商业利润追逐和为人们提供免费或低收费服务价值取向之间的关系，鼓励经营主体尽量从挖掘体育场馆设施的无形资产价值的角度创造附加收益，以达到"政府扶持、市场主导、企业运营、百姓受益"的目标。

三、以单项项目协会实体化推进竞技体育"管办分离"

当前运动项目管理中心与运动项目协会是两块牌子、一套人马。时任体

① 齐超. 社会组织参与体育公共服务供给的现实困境及路径选择：来自上海的启示［J］. 天津体育学院学报，2016，31（3）：252－258.

委主任的伍绍祖当年撤销体育行政部门的训练竞赛司，设置运动项目管理中心时，就提到过运动项目管理中心只是过渡形式的机构，在过渡期结束后，项目协会逐步实体化，使得行政权力、企业权利逐步分离、管办分离。当前我国足球管理先行一步。中国足球从 1993 年开始试点改革，2016 年 2 月 24 日，中国足球运动管理中心在机构上已经正式撤销，中国足协两块牌子、一套人马的局面将不再存在，中国足协将以社团法人的身份对中国足球各项事务进行管理和监督。自此以中国足协的名义组织足球运动员的国家队集训。中国足协的改革是与国际竞技体育人才培养模式接轨的。

　　未来我国竞技体育管理的方向应该是撤销作为体育行政部门下属事业单位的各运动项目管理中心，或者是运动项目管理中心只承担政策制定和发展规划工作。根据国家事业单位管理制度改革的趋势，各单项运动项目协会以社会团体组织的身份管理全国运动项目，协会仍然享受国家财政经费支持，负责从各级各类学校、职业体育俱乐部组织高水平运动员参加市队、省队和国家队队员的集训，提高优秀青年运动员的训练水平，以保持我国跻身世界竞技体育强国行列。如此就完全实现了我国体育事业的政社分离和政企分离。国家各级体育行政部门的职责从体育事业"管办不分"，转变为管理和监督体育事业的发展，单项体育协会负责相关运动项目的具体组织和协调工作。单项运动项目协会可以将赛事运营、运动员形象开发、体育广告赞助交由专业的体育联赛公司来运营，以市场化运作的收入来逐步反哺该项目的发展。单项体育协会的实体化后，依托市场，实现项目赛事的运作，真正实现竞技体育运动项目管办分离、政企分离，能够带动相关的体育服务业的发展，促进我国体育产业结构转型，繁荣体育产业市场。

第三节　高效利用财政政策发展体育产业

一、加强体育产业引导资金监管

　　体育产业引导资金是政府根据体育产业发展规划和产业政策，加快体育产业结构优化升级，培育壮大优势企业，通过财政预算安排专门用于资助、补贴受产业政策支持的企业或项目的专项资金。同时也是推动政府行政体制改革，简政放权、吸引社会资本参与体育发展的重要举措。① 当前各省份《体育产业引导资金管理办法》中对体育产业引导资金的管理有三种方式：体育产业部门联席会议、省财政厅和体育局共同管理、体育局管理。由于体育产业的特殊性，各地体育部门在体育产业引导资金项目遴选中具有主导型的话语权，可能优先支持体育事业单位的项目，使体育产业引导资金支持偏离设计的初衷，财政部门应该适时地进行干预和监管，确保引导资金投向符合国家产业发展战略和区域体育产业发展规划的项目。

同时更重要的是要明确财政资金的资助方式。财政引导资金资助的具体路径是：对于现金流量不足或没有现金流量同时带有正外部性的体育项目，政府采用补贴财政资金的方式，使该类项目具备财务生存能力，吸引社会资金的投资建设。针对体育企业普遍弱小、融资能力差，而其提供的产品又具有一定的外部性，政府则采用贴息的方式，降低企业的融资成本和投资风险，提高项目的回报率。针对已经结束的、具有正外部性和满足地区体育产业发展需求的项目，政府采用奖励的方式，弥补企业的市场收益，引导资金的运作使政府在较短时间内通过财政资金的杠杆作用扩大体育产业规模、优化体育产业结构，促进了体育产业的发展。②

二、完善并落实体育产业税收优惠体系

为吸引社会力量参与体育产业发展，应积极落实和完善体育产业税收优惠。

首先，落实已有税收优惠政策。明确体育产业高新技术企业认定条件、程序，在当前我国体育产业努力提升自主研发能力的阶段，适当放宽和降低体育产业高新技术企业认定标准，鼓励企业自主创新。

其次，丰富税收优惠方式。对体育企业不仅要采取事后的直接优惠，更要在企业经营过程中运用税收优惠手段，以激励社会资本进入体育产业领域。例如，对职业体育俱乐部实行税收优惠。据有关调查显示，我国中超联赛的 16 家俱乐部中，大部分俱乐部处于亏损状态。从国外体育产业发

---

① 刘圣文，张芹，孔庆山. 体育产业引导资金的企业配置策略分析及仿真研究［J］. 山东社会科学，2018（8）：147－152.

② 成会君. 体育产业发展引导资金的功能定位、引导机理及运行机制［J］. 天津体育学院学报，2016，31（1）：12－17.

展的实践可知，职业体育俱乐部及其相关产业是体育产业的核心支柱产业。竞赛表演市场相关的，广告赞助、体育传媒、体育经纪、优秀球员形象的无形资产开发等，都是依托职业体育俱乐部和职业体育联赛。因此职业体育俱乐部的发展于体育产业的发展来说具有重大意义，应该给予职业体育俱乐部税收优惠，扶持其迅速发展壮大。对职业体育俱乐部的日常门票销售收入适用低税率，既有利于降低体育企业经营成本，也有利于刺激体育消费。另外，还可以加大职业体育俱乐部的广告赞助税前抵扣力度。对体育高新技术企业，除了降低体育高新技术企业认定标准外，还可以对研发设备采取加速折旧和抵扣相关研发费用，对研发初期不征税以及降低高新技术成果转化的所得税等措施。

最后，完善体育产业税收优惠内容。一是，对公共体育场馆收入免征所得税。公共体育场馆的经营收入主要是用来弥补场馆运营的成本支出，目前绝大多数场馆基本收不抵支，免征所得税，能够减轻体育场馆的运营压力。二是，给予体育健身和培训业税收优惠。体育健身俱乐部，在现阶段能弥补我国体育健身场地设施的不足，改善居民体育健身环境。给予税收优惠，能防止健身俱乐部支出成本转嫁给消费者，增加人们体育消费成本。体育培训业，能有效拓展竞技体育后备人才培养渠道，对体育培训业给予税收优惠，能鼓励社会资本投资兴办各项运动项目学校，推动我国业余竞技体育人才培养模式转型。

三、以政府产业引导基金和金融服务平台助力体育产业发展

目前我国体育产业主要依靠企业风险投资，企业风险投资基金本身是追逐利润的，它不是要控股某个公司和项目，而是要企业成长为规模企业，出让股份，以分享其高速成长所带来的长期资本增值的一种投资方式。企业投资体育产业存在两个问题。一是文体产业本身属于轻资产，而作为体育产业基础的体育场地投资是一个重资产的投资项目，体育场地建设投资周期长、回报慢。多数企业基金不愿意去触碰这个"痛点"。二是投资者或企业在选择投资项目时会考虑到自身公司的业绩压力，不会选择去做孵化器——孵化那些需要培育体育产业战略新兴市场的项目，除非有良好的客户基础、巨大的消费潜力、巨大的发展空间，已有收入能力和收入模式。因此，从这两点来看的话，一方面，中国体育产业的基础型缺失，仍然需要有人去补课；另

一方面，体育产业的战略新兴领域和市场仍然需要去培育。而企业的体育产业投资基金在这两方面是失灵的。因此，为扶持体育产业发展，政府应该设立体育产业引导基金，或设立体育产业金融服务平台引导社会资本流入体育产业基础型和战略新兴领域的市场。

政府引导基金是指由政府出资并吸引地方有关政府、金融机构和社会资本，不以盈利为目的，以股权或债权等方式投资于创业风险投资机构或新设创业风险投资基金，以支持体育企业发展的专项资金。体育产业引导基金，能将碎片化分散在多个部门的体育政府补助集中起来。设立体育产业引导基金，一方面扩大了体育企业的资本金；另一方面，能引入专业的投资基金公司的基金团队参与体育企业的建设，促进体育企业成长。投资基金公司和体育企业是利益共同体。基金团队的人员熟悉国家发展体育产业的政策，具有企业投融资管理所需的财务管理、市场营销方面的实操经验。基金团队所在的公司在投资入股后，由于风险共担，会委派专业资深的基金运作管理人士参与企业的日常经营管理活动，了解目前基金的运作情况，并在运作中出现状况时及时给予全方位的化解指导，帮助企业发展壮大，提高企业的盈利水平。基金管理公司在被投资企业获利后，成功退出，政府的引导使命也就完成了。①

政府也可以参与搭建体育企业金融服务平台。金融服务平台能统筹政府、中介和金融机构的多种功能。政府作为信息不对称情况下的组织者，将体育企业、金融机构和专业机构聚合到一个平台上来，体育企业需要金融机构为其提供资金，金融机构希望通过投资获利，而中间需要会计律师事务所、担保机构和资产评估公司这些专业机构对体育企业的经营状况、资产状况进行调查和审核，评估企业信用等级，及时将信息反馈给金融机构和潜在的投资者，并撮合交易、进行金融服务配对，再向金融机构给出合理的融资方案。②例如，企业可以与知名证券公司、银行合作，推出适合体育企业的金融理财产品来募集资金。金融服务平台还可以利用互联网＋，积极开发网络融资平台，中小企业可以通过网络平台免费发布融资需求，金融机构或潜在投资方可以浏览信息，为企业提供相应资金支持。政府以产业基金或搭建产品扶持

① 茆晓颖. 促进我国体育产业发展的财政政策支持研究［J］. 成都体育学院学报，2015，41（4）：13－18.

② 邵继萍，王丽萍. 推进体育产业发展的金融支持机制、路径与对策：基于产业耦合视角［J］. 西安体育学院学报，2018，35（2）：129－136.

平台的形式参与到体育产业发展中来，一方面是成本分担，能减少企业资本的投资风险，另一方面是政府参与能更实际地感受体育产业运行中存在的体制和机制性障碍，并出面努力去化解这些问题，使企业能在短时间内快速成长起来。

参 考 文 献

［1］鲍明晓. 构建举国体制与市场机制相结合新机制［J］. 体育科学，2018，38（10）：3-11.

［2］毕荣华，安国彦主编. 大学体育与健康［M］. 北京：中国水利水电出版社，2014：6.

［3］蔡景台，樊炳有，王继帅. 城市体育公共服务居民满意度调查分析：以河南省10个城市为例［J］. 北京体育大学学报，2009，32（6）：31-34.

［4］曹缔训，李威主. 体育场馆经营管理［M］. 哈尔滨：黑龙江科学技术出版社，1991.

［5］曹缔训. 体育产业经营管理［M］. 武汉：湖北科学技术出版社，1994.

［6］曹可强，徐箐，俞琳. 完善上海市体育公共服务体系的若干对策建议［J］. 体育科研，2008（2）：32-36.

［7］陈德旭，郭修金. 社区公共体育服务供需偏好及耦合机制构建——以上海市为例［J］. 武汉体育学院学报，2017，51（11）：41-47，65.

［8］陈汉辞. 三年投资2000亿元 一哄而上的体育小镇［N］. 第一财经日报，2017-12-15（A01）.

［9］陈静霜. 我国公共体育服务模式选择与供给主体分析［J］. 成都体育学院学报，2009，35（6）：32-34，65.

［10］陈元欣，杨金娥，王健. 体育场馆运营支持政策的现存问题、不利影响与应对策略［J］. 上海体育学院学报，2016，40（6）：24-29.

［11］陈岳堂，熊亮. 非营利组织参与社区公共品供给机制研究［M］. 北京：北京理工大学出版社，2015.

［12］陈珍怀. 基于IPA分析法的体育公共服务满意度评价模型：以成都市为例［J］. 南京体育学院学报（自然科学版），2013，12（3）：132-134.

［13］陈振明. 公共服务导论［M］. 北京：北京大学出版社，2015：

11 – 14.

[14] 成会君. 体育产业发展引导资金的功能定位、引导机理及运行机制 [J]. 天津体育学院学报, 2016, 31 (1): 12 – 17.

[15] 崔玲. 体育基金争夺赛道 [J]. 中国企业家, 2015.

[16] 崔颖波. 日本战后体育方针的演变 [J]. 体育文化导刊, 2004 (5): 58 – 60.

[17] 戴健, 郑家鲲. 我国公共体育服务体系研究述评 [J]. 上海体育学院学报, 2013, 37 (1): 1 – 8.

[18] 戴永冠, 罗林. 举国体制发展中运动员利益补偿问题研究 [J]. 上海体育学院学报, 2013, 37 (5): 8 – 12.

[19] 董遇. 北京市体育局向社会力量购买公共体育服务研究 [D]. 北京体育大学, 2016.

[20] 段鸿斌. 体育扶贫: 法律意涵、政策机制与实施路径 [J]. 武汉体育学院学报, 2017, 51 (8): 5 – 12.

[21] 樊炳有. 体育公共服务的运行机制探讨 [J]. 体育与科学, 2010, 31 (2): 25 – 32.

[22] 樊伟. 英国竞技体育管理给予我们的启示 [J]. 体育与科学, 2013, 34 (1): 112 – 114.

[23] 范冬云, 刘礼. 我国体育公共服务客体分析 [J]. 湖南工业大学学报 (社会版), 2011, 16 (6): 99 – 102.

[24] 范宏伟, 秦椿林. 公共体育服务均等化的民生逻辑 [J]. 北京体育大学学报, 2014, 37 (12): 19 – 26.

[25] 冯国有. 体育公共服务均等化及其财政政策选择 [J]. 上海体育学院学报, 2007 (6): 26 – 31.

[26] 冯俏彬. 需构建新的地方收入体系 [N]. 经济参考报, 2016 – 08 – 09 (002).

[27] 高琳. 分税制、地方财政自主权和经济发展绩效研究 [M]. 上海: 上海人民出版社, 2016.

[28] 辜德宏. 供需视阈下我国竞技体育发展战略研究 [J]. 北京体育大学学报, 2018, 41 (3): 14 – 25, 32.

[29] 辜德宏. 我国竞技体育发展方式转变的逻辑起点辨析 [J]. 天津体育学院学报, 2015, 30 (5): 383 – 387.

[30] 国家体委计划财务司编. 体育事业统计年鉴 [Z]. 北京：国际体委内部资料，1994：102.

[31] 国家体委. 一九六一年全国体育工作会议纪要 [A]. 体育运动文件选编：1949 - 1981 [C]. 北京：人民体育出版社，1982：60.

[32] 国家体委政法司. 走向21世纪的思考：全国体委系统领导干部论文集，北京体育大学出版社，1996：28.

[33] 国家体育总局. "天天有网球"助力全国网球项目普及推广[EB/OL]. http：//www. sport. gov. cn/n317/n347/c907881/content. html，2019 - 5 - 16.

[34] 国家体育总局政策法规司. 体育事业"十二五"规划文件资料汇编 [M]. 北京：人民体育出版社，2011：145.

[35] 郝海亭. 困境与突破：大型体育场馆免费低收费开放财政补助政策分析 [J]. 沈阳体育学院学报，2017，36（4）：42 - 48，83.

[36] 郝勤. 论中国体育"举国体制"的概念、特点与功能 [J]. 成都体育学院学报，2004（1）：7 - 11.

[37] 何精华. 区分供给与生产：基于政府公共服务职能实现方式的分析框架 [J]. 中国行政管理，2007（2）：104 - 109.

[38] 侯会生，曹丹，张凤民，吴非，王新. 我国退役待安置运动员安置影响因素分析 [J]. 西安体育学院学报，2012，29（3）：291 - 294.

[39] 侯杰，白健华. 论社会体育指导员产业化的必要性 [J]. 人民论坛，2011（11）：160 - 161.

[40] 花楷，刘志云. 财政转移支付：体育公共服务均等化的逻辑、困境与路径 [J]. 天津体育学院学报，2016，31（4）：283 - 286，309.

[41] 花楷，刘志云. 协同治理：县级政府体育公共服务供给"碎片化"与消解 [J]. 天津体育学院学报，2016，31（6）：485 - 490.

[42] 花勇民，布特，侯宁，肖文升. 体育社会化改革的回顾和反思 [J]. 北京体育大学学报，2015，38（12）：1 - 9.

[43] 郇昌店. 我国公共体育服务供给市场化运作方式研究 [D]. 天津体育学院，2008.

[44] 郇昌店，肖林鹏，李宗浩，杨晓晨. 我国公共体育服务发展述评 [J]. 体育学刊，2009，16（6）：20 - 24.

[45] 郇昌店著. 城镇化进程中我国农村公共体育服务发展模式研究 [M]. 北京：北京体育大学出版社，2013.

［46］黄浩军. 体育分化转型与政府体育公共服务体系的统合建设［J］. 上海体育学院学报, 2011, 35 (6): 28 – 31.

［47］黄荔生. 我国青少年运动员培养模式的探讨［J］. 宜春学院学报, 2008 (2): 169 – 172.

［48］黄琳, 吴希林. 中德两国体校比较与启示［J］. 体育与科学, 2013, 34 (2): 51 – 56.

［49］黄小平, 颜丽芳, 刘珊. 健康人力资本对经济增长影响的区域差异研究［J］. 卫生经济研究, 2013 (2).

［50］"健康公民"的美国社区体育设施［J］. 环球体育市场, 2009 (6): 24.

［51］江苏新闻网. 江苏业余体校优势不再 吸引力减弱 遭遇转型阵痛［EB/OL］. http: //www. js. chinanews. com/news/2015/0409/116252. html, 2015 – 04 – 09.

［52］姜广义. 吉林省社会体育指导员发展现状分析［J］. 吉林体育学院学报, 2013, 29 (4): 42 – 47.

［53］康保苓. 产业融合背景下旅游与体育的互动研究［J］. 旅游论坛, 2011, 4 (3): 45 – 48.

［54］蓝国彬. 实现城乡公共体育服务均等化的路径思考［J］. 体育与科学, 2010, 31 (2): 63 – 66.

［55］李彩琴. 学习毛泽东的体育思想 坚持发挥体育的政治功能［J］. 体育文史, 1993 (6): 58.

［56］李超, 吴志敏, 付贵阳. 大型体育赛事对河北省城市形象影响研究［J］. 广州体育学院学报, 2019 (2): 68 – 70, 128.

［57］李国冰. 浙江省社会公共体育产品需求与供给要素研究［J］. 浙江体育科学, 2013, 35 (2): 6 – 8, 13.

［58］李国, 孙庆祝. 新世纪以来我国体育场地发展变化的实证研究: 基于第 5 次与第 6 次全国体育场地普查数据的统计分析［J］. 西安体育学院学报, 2016, 33 (2): 164 – 171.

［59］李家奎. 美国的社区体育［J］. 体育文化导刊, 2003 (3): 57.

［60］李军鹏. 公共服务型政府建设指南［M］. 北京: 中共党史出版社, 2006: 9.

［61］李丽, 杨小龙. 公共财政视角下我国公共体育场地建设研究［J］.

武汉体育学院学报，2015，49（3）：18 - 23，57.

[62] 李丽，张林. 体育事业公共财政支出研究 [J]. 体育科学，2010，12（32）：22 - 28.

[63] 李梦华在一九七九年全国体工会上的讲话 [Z]. 国家体育总局档案馆，1979.

[64] 李明. 制度安排下 PPP 公共体育服务项目国家治理的实施路径——基于投融资政策与风险视角 [J]. 中国体育科技，2017，53（4）：14 - 23，82.

[65] 李萍美，许玲. 我国公共体育服务市场化分析及路径选择 [J]. 西安体育学院学报，2008（6）：17 - 22.

[66] 李跃进，张学刚，王庆伟. 新中国 50 年变迁与中国体育功能的演进 [J]. 西安体育学院学报，2002（4）：15 - 17.

[67] 梁晓龙，鲍明晓，张林. 竞技体育举国体制的基本内容体系 [J]. 体育科研，2006（2）：11 - 23.

[68] 梁影. 多项税收政策力推体育产业快速增长 [N]. 中国税务报，2014 - 10 - 31（B07）.

[69] 林显鹏. 推群众赛事，建体育强国 [N]. 中国经济导报，2017 - 11 - 21（A04）.

[70] 刘东锋. 对我国单项运动协会实体化改革演进的思考 [J]. 体育学刊，2008（9）：21 - 25.

[71] 刘东锋，杨蕾. 我国非政府体育组织的需求与供给 [J]. 成都体育学院学报，2005（6）：31 - 34.

[72] 刘芳，魏伟. 论体育公共产品的供给主体与供给方式 [J]. 山东工会论坛，2016，22（2）：93 - 96.

[73] 刘贵祥. 中国体育反垄断第一案 [J]. 法制与经济，2016（4）：20 - 22.

[74] 刘海东，马杰华. 四川篮球产业发展探析：以金强集团 60 年发展历程为视角 [J]. 成都师范学院学报，2017，33（7）：115 - 119.

[75] 刘慧. 我国职业体育俱乐部融资方式研究 [D]. 北京体育大学，2013.

[76] 刘佳丽，谢地. PPP 背景下我国城市公用事业市场化与政府监管面临的新课题 [J]. 经济学家，2016（9）：42 - 49.

[77] 刘亮. 我国体育公共服务的概念溯源与再认识 [J]. 体育学刊，

2011, 18 (3): 34 -40.

[78] 刘青. 体育场馆的经营与管理 [M]. 北京: 人民体育出版社, 2012.

[79] 刘尚希. 培育和发展社会组织财税政策研究 基于对潍坊市的调查与思考 [M]. 北京: 当代中国出版社, 2013.

[80] 刘艳丽, 苗大培. 社会资本与社区体育公共服务 [J]. 体育学刊, 2005 (3): 126 -128.

[81] 刘艳丽, 姚从容. 从经济学视角试论我国体育公共服务产业生产主体的多元化 [J]. 西安体育学院学报, 2004 (5): 16 -18.

[82] 刘渝, 陈筝, 邹琳. 英国竞技体育人才体教结合实现机制及启示 [J]. 体育文化导刊, 2017 (1): 31 -35.

[83] 刘玉. 体育权利与体育公共服务供给 [J]. 北京体育大学学报, 2011, 34 (12): 5 -9.

[84] 刘玉. 我国体育公共服务社会化政策系统研究 [J]. 阜阳师范学院学报 (社会科学版), 2011 (2): 117 -122.

[85] 刘远祥, 孙冰川. 政府体育产业发展引导资金运行现状分析 [J]. 南京体育学院学报 (社会科学版), 2017, 31 (6): 104 -109.

[86] 卢长宝, 于然海, 段奕君. 体育产业与旅游产业对接的长效机制 [J]. 体育科学, 2011, 31 (9): 27 -33.

[87] 卢文云, 陈宁, 龚文平. 英国高水平竞技体育人才培养的 LTAD 模式研究 [J]. 体育与科学, 2013, 34 (5): 62 -68.

[88] 卢映川. 创新公共服务的组织与管理 [M]. 北京: 人民出版社, 2007: 2.

[89] 卢志成. 政府体育公共财政支出政策公平研究 [J]. 体育科学, 2014, 34 (8): 3 -12.

[90] 鲁长芬, 陈琦. 从当代体育价值观的转变透视新时期体育功能 [J]. 体育学刊, 2007 (3): 126 -129.

[91] 陆作生. 日本《体育振兴基本计划》研究 [J]. 体育文化导刊, 2008 (10): 106 -109.

[92] 罗凯. 健康人力资本与经济增长: 中国分省数据证据 [J]. 经济科学, 2006 (4).

[93] 马德浩, 季浏. 英国、美国、俄罗斯公共体育服务的发展方式

[J]. 体育学刊, 2016, 23 (3): 66 –72.

[94] 马启伟. 体育心理学 [M]. 北京: 高等教育出版社, 1996: 311 –321.

[95] 马庆钰. 公共服务的几个基本理论问题 [J]. 中共中央党校学报, 2008 (2): 58.

[96] 马庆钰. 关于"公共服务"的解读 [J]. 中国行政管理, 2005 (2): 79.

[97] 茆晓颖. 促进我国体育产业发展的财政政策支持研究 [J]. 成都体育学院学报, 2015, 41 (4): 13 –18.

[98] 彭国华, 庞俊鹏. 新时代背景下中国农村公共体育服务发展的路径选择 [J]. 武汉体育学院学报, 2019, 53 (2): 25 –32, 39.

[99] 齐超. 社会组织参与体育公共服务供给的现实困境及路径选择——来自上海的启示 [J]. 天津体育学院学报, 2016, 31 (3): 252 –258.

[100] 秦小平, 黎文普. 城乡体育基本公共服务均等化 [M]. 北京: 北京体育大学出版社, 2016.

[101] 日本体育厅官网. https://www.jsports.co.jp/english/.

[102] 日本文部科学省. 体育·スポーツ施設調査年次統計表 [EB/OL]. http://www.mext.go.jp/b_menu/toukei/chousa04/shisetsu/kekka/1261398.htm, 2012 –08 –10.

[103] 荣高棠. 为国民体育运动的普及和经常化而奋斗 [J]. 新体育, 1952 (21): 15.

[104] 邵继萍, 王丽萍. 推进体育产业发展的金融支持机制、路径与对策: 基于产业耦合视角 [J]. 西安体育学院学报, 2018, 35 (2): 129 –136.

[105] 邵伟钰. 基于 DEA 模型的群众体育财政投入绩效分析 [J]. 体育科学, 2014, 34 (9).

[106] 沈娟. 日本社会体育发展的特征、问题及对中国的启示 [J]. 南京体育学院学报 (社会科学版), 2016, 30 (6): 34 –39.

[107] 施文泼. 税收重在扶持公益性体育事业 [N]. 中国税务报, 2016 –08 –10 (B01).

[108] 石国亮. 澳大利亚社会组织发展与管理研究 [R]. http://www.chinanpo.gov.cn/700100/92597/index.html, 2015 –12 –29.

[109] 石磊. 市场经济条件下的各国体育政策 [M]. 国家体育总局体育信息研究所, 1998.

［110］司荣贵，耿香玲. 从人力资本特征看体育对人力资本形成的影响 ［J］. 北京体育大学学报，2005（5）：587－589.

［111］宋浩. 我国体育公共服务多元主体合作供给的困境与出路 ［J］. 广州体育学院学报，2018，38（6）：30－32.

［112］宋娜梅，罗彦平，郑丽. 体育公共服务绩效评价：指标体系构建与评分计算方法 ［J］. 体育与科学，2012，33（5）：30－34.

［113］宋忠良，陈更亮，贺新家. 体育强国背景下我国体育场地建设发展趋势：基于两次全国体育场地普查数据的比较 ［J］. 河南师范大学学报（自然科学版），2016，44（3）：178－183.

［114］苏龙伟. 居民需求导向的体育公共服务供给研究 ［D］. 首都体育学院，2014.

［115］孙成林. 我国体育设施政策的演进及优化 ［M］. 武汉：华中师范大学出版社，2014.

［116］孙汉超，秦椿林主编. 实用体育管理学 ［M］. 北京：人民体育出版社，2004.

［117］孙启宏.“谁是球王”引发的发展群众体育活动的思考 ［A］. 国家体育总局、中国体育科学学会. 第三届全民健身科学大会论文集 ［C］. 国家体育总局、中国体育科学学会，2014：2.

［118］孙秋明. 行政自由裁量还是公共选择——以农村公共品供给决策为例 ［J］. 财政研究，2003（12）：13－15.

［119］孙晓晓. 公共需求导向下临沂市体育公共服务供给研究 ［D］. 沈阳体育学院，2014.

［120］汤利军，潘绍伟，王建民，戴祖民. 浅析体育对构建和谐社会的作用——从体育功能角度分析 ［J］. 体育与科学，2008（2）：45－47.

［121］唐丽，吴希林，刘云. 英国竞技体育人才培养及启示 ［J］. 体育与科学，2014，35（5）：80－84.

［122］唐胜英，Elizabeth·Pike. 英国大众体育场地设施的供给、管理与使用 ［J］. 体育与科学，2015，36（2）：94－100.

［123］腾讯体育. 深度—业余体校真过时了？两成功案例发人深省 ［EB/OL］. https：//sports. qq. com/a/20151211/069479. htm，2015－12－11.

［124］田雨普. 新世纪我国体育的功能与作用 ［J］. 体育学刊，2004（3）：5－8.

[125] 佟强. 我国运动员退役研究综述 [J]. 中国体育科技, 2014, 50 (3): 132 – 138.

[126] 外刊外电评论即将进行世界杯的中国队 [N]. 参考消息, 2002 – 05 – 31.

[127] 汪全胜, 卫学芝. 政府购买体育公共服务的运作机制析论 [J]. 体育与科学, 2017, 38 (4): 78 – 85.

[128] 汪智等. 中国体育改革 15 年 [Z]. 国家体委文史委编印, 1998: 170.

[129] 王才兴. 构建完善的体育公共服务体系 [J]. 体育科研, 2008 (2): 1 – 13.

[130] 王璠. 城市社区居民体育需求理论与实证研究 [D]. 首都体育学院, 2013.

[131] 王宏江, 刘青. 美国、澳大利亚和日本竞技体育管理模式研究 [J]. 成都体育学院学报, 2007 (3): 7 – 11.

[132] 王辉. "体育 +" 推动产业创新融合发展 [N]. 中国体育报, 2017 – 12 – 23.

[133] 王景波, 赵顺来, 魏丕来, 郑凯, 曲润杰, 樊占平, 曹亚东, 于泉海. 地方政府体育公共服务绩效评估指标体系的研究 [J]. 沈阳体育学院学报, 2011, 30 (2): 1 – 3, 7.

[134] 王凯. 我国公共体育赛事的服务外包研究 [J]. 体育学刊, 2017, 24 (3): 61 – 66.

[135] 王莉丽. 老龄化背景下我国城市公共体育服务供需现状分析 [J]. 哈尔滨体育学院学报, 2016, 34 (4): 21 – 25.

[136] 王莉, 孟亚峥, 黄亚玲, 邹新娴, 李圣鑫, 王芳. 全民健身公共服务体系构成与标准化研究 [J]. 北京体育大学学报, 2015, 38 (3): 1 – 7.

[137] 王力, 张长思, 钟秉枢, 苏敏. 新时代我国社会主要矛盾与体育发展 [J]. 北京体育大学学报, 2019, 42 (2): 8 – 15, 54.

[138] 王庆伟, 许广树, 李贵成. 澳大利亚高水平运动员培养体制调查研究 [J]. 体育科学, 2004 (1): 17 – 19.

[139] 王天军, 王珏瑞. 试论我国东西部经济发展差异与西部体育产业开发 [J]. 哈尔滨体育学院学报, 2001 (3): 13 – 16.

[140] 王秀香. 基于公民满意度的公共体育服务绩效评价体系构建

[J]. 南京体育学院学报（社会科学版），2014，28（4）.

[141] 王英峰. 英国竞技体育管理体系研究 [J]. 沈阳体育学院学报，2013，32（5）：21-25.

[142] 王誉颖. 公共财政视角下对美、英、澳三国公共体育支出的分析研究 [D]. 山东体育学院，2017.

[143] 王占坤. 发达国家公共体育服务体系建设经验及对我国的启示 [J]. 体育科学，2017，37（5）：32-47.

[144] 王占坤. 老龄化背景下浙江老年人体育公共服务需求与供给的实证研究 [J]. 中国体育科技，2013，49（6）：70-80.

[145] 王志文，沈克印. 美国民生体育的特点以及对我国的启示 [J]. 体育科技文献通报，2017，25（8）：3-5.

[146] 韦伟，王家宏. 我国公共体育服务绩效评价体系构建及实证研究 [J]. 体育科学，2015，35（7）：35-47.

[147] 温显娟. 公共外交的有效途径：体育外交 [J]. 理论与现代化，2015（1）：67-71.

[148] 闻又文. 优秀运动员退役安置货币补偿实施办法的研究 [J]. 武汉体育学院学报，2006（6）：72-74.

[149] 翁翠. 基于委托代理关系的社区卫生服务供给机制研究 [D]. 浙江大学，2009.

[150] 吴建喜，邓世忠，连正茂，李可可，黄厚新. 美国学校培养竞技体育人才社会学归因 [J]. 体育文化导刊，2010（11）：97-99，115.

[151] 伍绍祖. 认识和发挥体育的政治功能 [J]. 思想政治工作研究，1992（2）：9，24.

[152] 肖林鹏，李宗浩. 论我国公共体育服务的供给困境 [J]. 山东体育学院学报，2008（8）：1-4.

[153] 肖林鹏，李宗浩，杨晓晨. 我国公共体育服务体系概念开发及其结构探讨 [J]. 天津体育学院学报，2007（6）：472-475.

[154] 谢叶寿，阿英嘎. 英国政府购买公共体育服务的实践与启示 [J]. 体育与科学，2016，37（2）：66-70.

[155] 谢叶寿. 美国政府购买公共体育服务的经验与启示 [J]. 南京体育学院学报（自然科学版），2017，16（3）：6-11.

[156] 邢尊明，周良君. 我国地方体育产业引导资金政策实践、配置风

险及效率改进——基于 8 个省、自治区、直辖市的实证调查及分析 [J]. 体育科学, 2015, 35 (4): 12 – 21.

[157] 熊禄全, 张玲燕, 孔庆波. 农村公共体育服务供给侧改革治理的内在需求与路径导向 [J]. 体育科学, 2018, 38 (4): 22 – 36.

[158] 熊晓正, 钟秉枢主编. 新中国体育 60 年 [M]. 北京: 北京体育大学出版社, 2010.

[159] 徐蕾. 群众体育赛事激发城市活力 [N]. 南昌日报, 2014 – 12 – 29 (006).

[160] 许梦博编著. 地方财政学 [M]. 北京: 清华大学出版社, 2015.

[161] 许秋红. 美国体育发展的特点及启示 [J]. 体育与科学, 2012, 33 (6): 67 – 72.

[162] 晏绍文, 秦小平. 体育公共服务多元化供给研究 [J]. 湖州师范学院学报, 2011, 33 (1): 69 – 74.

[163] 杨帆. 新常态下推动我国体育产业发展的积极的体育财政政策研究 [J]. 沈阳体育学院学报, 2018, 37 (3): 23 – 30.

[164] 杨公朴, 夏大慰主编. 产业经济学教程 [M]. 上海: 上海财经大学出版社, 1998.

[165] 杨绛梅, 周宇, 董官清. 自由教育理念与职业体育价值观的互动与融合——美国竞技体育人才培养模式的文化基因 [J]. 北京体育大学学报, 2004 (1): 101 – 103.

[166] 杨龙, 王骚著. 政府经济学 [M]. 天津: 天津大学出版社, 2004.

[167] 杨鸣, 冯晓露, 徐校飞, 李征, 樊小玲, 韩红升. 英国群众体育发展战略的实现路径——基于英格兰体育理事会的实践 [J]. 武汉体育学院学报, 2018, 52 (6): 26 – 31.

[168] 杨强. 我国体育产业发展存在的问题及其解决对策 [J]. 体育学刊, 2012, 19 (4): 30 – 38.

[169] 杨榕斌. 澳大利亚体育体制与政策研究及对我国的启示 [J]. 浙江体育科学, 2014, 36 (5): 24 – 28.

[170] 杨文礼, 高艳敏, 刘玉. 体育公共服务体系基本理论框架构建与分析 [J]. 沈阳体育学院学报, 2012, 31 (6): 25 – 29.

[171] 杨叶红, 方新普. 中国、美国、德国财政制度模式与体育体制的比较 [J]. 成都体育学院学报, 2011, 37 (3): 6 – 10.

[172] 杨永钟，江瑞，袁锋，赵云书. 我国全民健身活动发展特征研究：基于 4 次全国群众体育调查结果的分析 [J]. 西南师范大学学报（自然科学版），2017，42（6）：121 – 128.

[173] 叶金育. 体育产业发展中的财税政策工具：选择、组合与应用 [J]. 体育科学，2016，36（6）：73 – 83.

[174] 易丹辉. 结构方程模型方法与应用 [M]. 北京：中国人民大学出版社，2008.

[175] 易剑东，任慧涛. 事权、财权与政策规制：对中国体育公共财政的批判性阐释 [J]. 当代财经，2014（7）：21 – 32.

[176] 尹晓峰. 日本体育法规及政策制度的发展动向 [J]. 体育科研，2009，30（5）：34 – 40，59.

[177] 游茂林，樊荣. 美国城市社区体育供给模式及其启示——以盖恩斯维尔市为例 [J]. 体育学刊，2017，24（5）：48 – 51.

[178] 于晨. 2007 年上海市体育社会科学研究成果报告 [M]. 上海：上海大学出版社，2008.

[179] 于灵芝，曹宇. 体育经济在国民经济发展中的地位 [J]. 当代体育科技，2015，5（10）：175 – 176.

[180] 于文谦，韩伟，王乐. 日本综合性社区体育俱乐部的发展 [J]. 体育学刊，2007（7）：43 – 45.

[181] 余平. 财政体育投入的效率研究 [J]. 武汉体育学院学报，2010，44（10）.

[182] 俞丽萍. 我国体育公共服务均等化问题的研究 [J]. 武汉体育学院学报，2011，45（7）：31 – 35.

[183] 虞轶群，季浏，李群，刘身强，陈敏，刘姗. 上海市退役运动员安置现状调查与分析 [J]. 上海体育学院学报，2012，36（4）：85 – 88.

[184] 袁春梅. 我国体育公共服务效率评价与影响因素实证研究 [J]. 体育科学，2014，34（4）：3 – 10.

[185] 袁芳. 影响中国女排优秀运动员成长因素的调查研究 [J]. 北京体育大学学报，2015，38（11）：133 – 138.

[186] 袁卫，彭非. 中国人民大学中国发展报告 [M]. 北京：中国人民大学出版社，2008.

[187] 曾争，董科，钟璞. 我国省域体育公共服务的技术效率及其影响

因素研究 [J]. 武汉体育学院学报, 2015, 49 (7): 30 – 35.

[188] 张凤彪. 基于结构方程模型的竞技体育公共支出绩效评价研究: 25 个省、自治区、直辖市的实证分析 [J]. 体育科学, 2015, 35 (2): 31 – 40, 53.

[189] 张凤彪, 王松. 公共体育服务绩效评价"四位一体"解构 [J]. 西安体育学院学报, 2018, 35 (6): 663 – 670.

[190] 张凤彪, 王松. 我国公共体育服务绩效评价研究述评 [J]. 体育科学, 2017, 37 (4): 62 – 73.

[191] 张建春. 体育社会功能演进与体育发展 [J]. 当代体育科技, 2017, 7 (15): 189 – 190.

[192] 张林. 中国体育彩票公益金使用情况研究报告: 1994 – 2013 [R]. 上海: 上海体育学院, 2015.

[193] 张琴, 易剑东. 体育治理结构的域外经验与中国镜鉴 [J]. 体育学刊, 2017, 24 (5): 41 – 47.

[194] 张清华, 刘海辉, 樊炳有. 江苏省城镇居民体育公共服务满意度调查 [J]. 山东体育学院学报, 2010, 26 (3): 8 – 12.

[195] 张永军. 消费主导型经济中的体育产品需求与供给特征研究 [J]. 广州体育学院学报, 2005 (1): 10 – 15.

[196] 张月蕾, 张宝雷, 杜辉, 徐成立. "健康中国"背景下体育特色小镇创建路径研究 [J]. 哈尔滨体育学院学报, 2018, 36 (1): 41 – 45.

[197] 张争鸣. 美苏体育管理体制的比较研究 [J]. 管理世界, 1988 (5): 189 – 192.

[198] 赵慧娣. 新时代背景下公共体育服务供给侧结构优化路径研究 [J]. 体育与科学, 2018, 39 (2): 20 – 26.

[199] 赵建. 体育健身休闲消费需求调查与研究: 以广州市居民为样本 [J]. 当代经济, 2017 (36): 86 – 89.

[200] 赵文娟, 张恩利. 陕西省优秀运动员社会保障现状及其制度完善 [J]. 西安体育学院学报, 2013 (2).

[201] 赵雅文, 王松, 任杰. 论体育作为政治传播载体的功能变迁: 1949 年以来我国体育事业发展各阶段体育传播观念的发展 [J]. 新闻大学, 2014 (6): 32 – 38, 31.

[202] 赵勇. 将运动休闲特色小镇项目做成百年精品 [EB/OL]. http: //

travel. china. com. cn/txt/2017 - 11/30/content_41956874. htm,2017 - 11 - 30.

[203] 甄媛圆. 英国竞技体育崛起的原因及启示 [J]. 山东体育学院学报, 2017, 33 (5): 15 - 19.

[204] 郑家鲲, 黄聚云. 基本公共体育服务评价指标体系的构建 [J]. 上海体育学院学报, 2013, 37 (1).

[205] 郑闻. 政府公共服务外包委托—代理问题研究 [D]. 上海师范大学, 2009.

[206] 郑志强, 郑娟. 政府购买体育公共服务的经济效应与推进策略 [J]. 体育学刊, 2015, 22 (5): 49 - 53.

[207] 中国体育科学学会体育管理学分会编. 和谐社会与体育管理 2006 年全国体育管理科学大会论文集 [M]. 北京: 北京体育大学出版社, 2008.

[208] 中国网. 《全民健身计划 (2011 - 2015 年)》效果评估总体情况 [EB/OL]. http: //sports. china. com. cn/quanminjianshen/quanminjianshen-baogao/detail12015_12/23/476280. html.

[209] 钟秉枢. 新时代竞技体育发展与中国强 [J]. 上海体育学院学报, 2018, 42 (1): 12 - 19.

[210] 钟天朗. 体育经营管理理论与实务 [M]. 上海: 复旦大学出版社, 2004.

[211] 周爱光. 从体育公共服务的概念审视政府的地位和作用 [J]. 体育科学, 2012, 32 (5): 64 - 70.

[212] 周爱光. 日本体育政策的新动向——《体育振兴基本计划》解析 [J]. 体育学刊, 2007 (2): 16 - 19.

[213] 周春梅. 公共服务外包委托—代理问题研究 [D]. 燕山大学, 2006.

[214] 周兰君. 美国大众体育管理方式管窥 [J]. 体育学刊, 2010, 17 (9): 45 - 49.

[215] 周兰君. 美国政府参与体育管理方式之研究 [J]. 西安体育学院学报, 2009, 26 (1).

[216] 周玉强, 闫民. 山东省公益性社会体育指导员队伍发展困境及优化路径 [J]. 山东体育学院学报, 2017, 33 (6): 26 - 30.

[217] 朱汉义. 我国财政体育投入效能实证分析 [J]. 上海体育学院学报, 2015, 39 (1).

[218] 佐藤臣彦，周爱光，陆作生. 日本社会体育的新进展 [J]. 体育学刊，2007 (9): 20 – 23.

[219] Bergsgard Nils Asle, Houlihan Barrie, Mangset Per, Nodland Svein Ingve, Rommetvedt Hilmar. Sport policy: a Comparative Analysis of Stability and Change [M]. Oxford: Butterworth-Heinemann, 2007.

[220] Butler R J, Wilson D C. Managing Voluntary and Non-profit Organizations. London: Routledge, 1990.

[221] DCMS. Creating a sporting habit for life: a new youth sport strategy [R/OL]. http: //www. sportdevelopment. info/index. php. component/content/article/48-policy/737-creating-a-sporting-habit-for-life-a-new-youth-sport-strategy? format = pdf, 2014 – 11 – 28.

[222] DCMS. Creating a sporting habit for life [EB/OL]. http: //www. sportengland. org/about_us/idoc. ashx? do-cid = 9f21976f – 88d3 – 4bc6 – 9b31 – 388b763d658b&. version = –1, 2012 – 01 – 01.

[223] Gomez, S. , Opazo, M, Marti, C. Structural Characteristics of Sport Organization; Main Trends in the Academic Discussion [R]. Working Paper of IESE, 2008, 730.

[224] Green M. Changing Policy Priorities for Sport in England: The Emergence of Elite Sport Development as a Key Policy Concern [J]. Leisure Studies, 2004, 23 (4): 365 – 385.

[225] Houlihan B. Sport, Policy, and Politics: A Comparative Analysis [M]. London: Routledge, 1997.

[226] Jacopin T &Urrutia L. Why NGOs Matter for the Success of Sports Events: The Case of the American's Cup-Working Paper [R]. Research Association, 2007, 702.

[227] James M. Buchanan. An Economic Theory of Clubs [J]. Economics, 1965, 32.

[228] King, B. (1999, July 26-August 1) . A ballpark boom on the farm [J]. Street & Smith's Sports Business Journal, pp. 23 – 32.

[229] Manzenreiter W, Horne J. Public Policy, Sports Investments and Regional Development Initiatives in Contemporary Japan [J]. The Political Economy of Sport, London: Palgrave Macmillan, 2005: 152 – 182.

［230］McIntosh P. "Sports for All" Programs throughout the World［M］. Paris: U. N. E. S. C. O. , 1980.

［231］Nip D. Planning in the Process for Multiplex Sports Facilities: Integrating and Empowering the 'public' in Public-private Partnerships［D］. University of Manitoba, 2009.

［232］Paul A. Samuelson. The Pure Theory of Public Expenditure［J］. Review of Economics and Statistics, 1953（36）: 387 – 398.

［233］Piggin J, Jackson SJ, Lewis M. Telling the Truth in Public Policy: An Analysis of New Zealand Sport Policy Discourse［J］. Sociology of Sport Journal, 2009, 26（3）: 462 – 482.

［234］Robin Ammon, Jr. Who benefits from the presence of professional sports teams? The implication for public funding of stadiums and arenas［J］. Public Administration Review, 2007（58）: 145 – 155.

［235］Stefan Kesenne and Paul Butzen. Subsidizing Sports Facilities: the Shadow Price-elasticities of Sports［J］. Applied Economices. 1987（19）: 101 – 110.

［236］Stewart B, M Nicholson, A Smith and H Westerbeek. Australian Sport-better by Design? the Evolution of Australian Sport Policy［M］. London: Routledge, 2004.

［237］T. Christopher Greenwell. Assessing the Influence of the Physical Sports Facility on Customer Satisfaction within the Context of the Service Experience. Sport Management Review, 2002, 5, 129 – 148.

［238］Tseng M L. Implementing and Evaluating Performance Measurement Initiative in Public Leisure Facilities: An Action Research Project［J］. Computers and Education, 2010, 55（1）: 188 – 201.

［239］Tsou K, Hung Y, Chang Y. An accessibility-based integrated measure of relative spatial equity in urban public facilities［J］. Cities, 2005, 22（6）: 424 – 435.

［240］UK sport. How UK Sport funding works［EB/OL］. http: //www. uk-sport. gov. uk/our-work/investinin-sport/how-uk-sport-funding-works.